职业教育电子商务专业课程改革创新教材

网络营销推广

（理实一体化教材）

主　编　余　涛　丁　莎

副主编　王义祥

参　编　赵　忠　王性豪　姬海舰

黄　璐　潘　璇

机械工业出版社

本书站在初学者的角度，详细地介绍了在网络营销时代，使用不同的平台与方法开展推广工作，其中主要包括：初识与创建网络营销平台、网络营销平台内容填充、搜索引擎营销、博客营销、微博营销、微信营销、论坛营销、许可邮件营销、其他营销推广方式、网络推广综合策划。

网络营销推广是市场营销活动的一部分，它的本质是在互联网环境下，运用市场营销等相关知识，结合不同互联网工具的使用来完成推广工作。因此，本书以理论与实践并行的方式进行结构设计。每一个项目都包含两大模块。其中，模块一主要讲述该项目的理论基础知识，模块二是针对该项目的实践操作。由于篇幅的原因，本书侧重于对每一个项目的推广流程及方法做详细的操作说明。

本书用于中等职业学校电子商务、网络营销等相关专业的常规与实训教学，也适用于高职院校网络营销实务、网络营销推广等相关课程的教学，同时也可作为广大初入网络营销环境的电商运营人员、推广人员、农村或城市创业人员自学或培训教材。

图书在版编目（CIP）数据

网络营销推广：理实一体化教材/余涛，丁莎主编. —北京：机械工业出版社，2017.6（2023.1 重印）

职业教育电子商务专业课程改革创新教材

ISBN 978-7-111-56736-3

Ⅰ. ①网… Ⅱ. ①余… ②丁… Ⅲ. ①网络营销—职业教育—教材 Ⅳ. ①F713.365.2

中国版本图书馆 CIP 数据核字（2017）第 089793 号

机械工业出版社（北京市百万庄大街 22 号 邮政编码 100037）

策划编辑：聂志磊　　责任编辑：聂志磊　陈　洁

责任校对：马丽婷　　责任印制：单爱军

北京虎彩文化传播有限公司印刷

2023 年 1 月第 1 版第 3 次印刷

184mm×260mm · 11.25 印张 · 255 千字

标准书号：ISBN 978-7-111-56736-3

定价：32.00 元

电话服务　　网络服务

客服电话：010-88361066　　机 工 官 网：www.cmpbook.com

010-88379833　　机 工 官 博：weibo.com/cmp1952

010-68326294　　金 书 网：www.golden-book.com

机工教育服务网：www.cmpedu.com

前　言

在互联网日益发展的今天，中国已经全面进入网络营销时代，一方面越来越多的个人通过互联网获取信息与帮助，另一方面，网络的信息建设成本较建立传统渠道低廉。因此，企业及个人都意识到在互联网上进行信息宣传的重要性，网络媒体推广正在慢慢取代传统媒体推广。

网络推广狭义上讲的是通过互联网采取各种手段方式进行的一种宣传推广活动。同传统广告相同，网络推广的目的是增加曝光度及对品牌的维护。它的表现形式一般分为两种：一种是以搜索引擎广告为代表的推广模式，也称为付费推广，如百度竞价排名、杂志广告等；另一种是借助于不同类型的网络平台进行免费推广。两大推广模式各有利弊，付费推广以见效快为主要特点，但其价格昂贵，通常有实力的公司会采取此类推广途径，而大多数中小型企业及个人是通过具有针对性且低成本的网络推广工具及方法来达到推广目的的。

最早出现的网络推广以网站及分类信息推广为代表，而互联网发展到今天，网络推广的方法已经远远不止于此。基于社会化网络的发展，实现推广目的的方法多式多样，如博客、微博、微信、电子邮件及以百度为代表的搜索引擎营销等。网络推广进入整合时代后，通过运用网民、市场、产品等诸多网络需求因素，把庞大的网络资源作为一种可统筹、可分类、可持续渗透的新媒体集群互动平台来实现推广目的。

网络推广作为一项专业性、实践性很强的工作，需要理论与实践的并行。而与此相悖的是，在网络文库及现实书店中，大量的网络推广书籍都以网络营销理论为主，忽略了对于网络推广工具的实践应用。因此，我们根据自身进行网络推广的经验，编写了此书，它是以网络推广最早的网站建立为起点，结合社交化媒体的推广应用平台，设计并编写的。

一、本书的结构及特点

本书以网络推广活动的各类工具使用为导向，以每个推广工具的使用方法为主线，具体的结构分为以下两个部分：

（1）主教材（纸质）　主教材由十个项目组成，每个项目由两个模块构成。其中，模块一主要讲述该项目所需要具备的理论基础知识，模块二是针对该项目的实践操作，在每一个实践操作讲解后，有对该操作流程的复习。另外，本书还配有项目评价表和课后练习。

（2）教学资源包（电子）　教学资源包由四个部分组成，包括与书本配套的演示文稿、课后练习的答案、教师教学资源（含教案）、学生学习资源等相关参考资料。对于选用本书作为教材的职业院校，本部分内容可通过机械工业出版社教育服务网（http://www.cmpedu.com）或加入电子商务专业交流群（QQ 群：131145640）免费获取。

二、本书的定位及使用建议

本书是一本关于网络推广工具使用的入门教程，从建立网络推广网站的角度出发，详细地介绍了网络推广工具的操作方法，内容丰富、通俗易懂，具有较强的可操作性与延展性。本书既可作为中高职电子商务、网络营销等相关专业的教材，也可作为广大初入网络营销环境的电商运营人员、推广人员、农村或城市人员进行网络创业自学或培训用书。

在使用本书的过程中，教学使用与自主学习的安排具体建议如下：

1）教学使用：教师或培训师改变以教师为主的教学模式，建议以操作与引导为主，让学生在实践的过程中以个人完成基本操作和小组完成团队任务的方式进行课堂活动，提升学生在网络推广活动中的团队职业素养，以达到抛砖引玉的作用。

2）自学使用：网店经营人员、网络推广专员可通过每个项目的操作完成对网络营销工具的基本流程与实践学习，在标准化的推广流程中学会对工具的操作方法，并且逐渐升级到营销理论层面，能够融会贯通地结合不同的推广工具进行推广活动的开展。

本书由余涛、丁莎担任主编，王义祥担任副主编，赵忠、王性豪、姬海舰、黄璐、潘璇参与了本书的编写。本书在编写的过程中参考了一些网站的资料和书籍，在此一并表示衷心的感谢！由于作者水平有限，不足之处在所难免，恳请读者提出宝贵的意见或建议。

编　者

目　录

项目一

初识与创建网络营销平台

项目概述

网络营销平台是企业与用户沟通的桥梁，广义上讲，它一般是建立在Web网络基础之上进行产品或服务推广销售的载体。通常，我们将它看成是企业网络营销的一整套内容，包括基于营销性建设的企业网站、企业的电子商务交易网站、企业的各种营销手段载体，如微信平台、博客等。

项目导入

在电子商务迅速发展的今天，有很多企业愿意在天猫、淘宝、京东等平台投入大量的资金，以期获得较大的收益，但这仅仅只是电商的一部分，真正意义的电商不仅仅是企业分销渠道，更是企业形象推广的载体。一个高质量的企业营销平台会将各种信息以最便捷、更高效的方式呈现于用户面前，这往往成为用户考虑是否购买企业产品与服务的极为重要的一个指标。这就意味着，企业要想尽可能多地展现产品或服务，就需要在互联网上占领更多的营销渠道与平台。

了解常用的网络营销平台，以及如何选择网络营销平台，是开始进行营销推广的第一步，这有助于我们在实施网络营销推广时有目标、有针对性。

本项目重点介绍常见的网络营销平台，包括营销型网站、电子商务网站、其他网络营销推广平台等相关基础知识。另外，本项目对几种常见的网络营销平台的搭建做了初步的介绍。

模块一

理论知识：网络营销平台概述

企业在考虑做电子商务之前首先要考虑的是，用户一般通过哪些互联网渠道收集到企业的信息。因此，考虑好网络营销平台是开展电子商务的第一步。我们在学习多样化的网络营销手段之前，先需要认识营销的载体——网络营销平台。

案例引入

麦包包的网络营销之路

麦包包是国内有名的箱包品牌企业，诞生于2007年9月，最早开始是在淘宝网上做淘品牌起家，得益于世界范围的互联网浪潮及中国电子商务环境的成熟与飞速发展。借助淘宝，麦包包凭借质优价廉的商品和优质的服务，短时间内积累了较高的人气和万级数量的购买用户，达到数千万甚至上亿的销售规模。除此之外，麦包包在百度上的搜索依次排序为麦包包网上商城、麦包包百度贴吧、麦包包新浪微博，每一个网络营销平台都为麦包包的网络成交贡献了流量，同时也加强了用户与网站、用户与品牌的黏度。

➘ 思考分析

麦包包采用了怎样的网络营销平台进行品牌推广？

一、营销型网站

（一）营销型网站概述

企业网络营销平台包括多种载体，最基础的是企业网站。随着互联网技术与营销技术的发展，基于网络营销的商业网站是对现今企业网站的发展，其整合了各种网络营销理念和网站运营管理方法，不仅注重网站建设的专业性，更加注重网站运营管理的整个过程，是企业网站建设与运营维护一体化的全程网络营销模式。

营销型网站是个新名词，是指以现代网络营销理念为核心，基于企业营销目标进行站点规划，具有良好搜索引擎表现和用户体验、完备的效果评估体系，能够有效利用多种手段获得商业机会，提高产品销售业绩和品牌知名度的企业网站。

营销型网站概念的提出打破了企业对于网站建设的传统认识。事实证明，传统观念中的网站 Flash 形象首页、大篇幅企业新闻报道、领导人风采展示、产品规格介绍等现象，均使得企业网站营销职能难以很好地发挥出来。构建营销型网站就是要明确网站的营销职能，以网络营销为核心目标来进行网站建设。

营销型网站是对传统名片式网站的发展，建站之初便以日后的营销推广为目的和出发点，并贯彻到网站制作的全过程，使每一个环节和每一个步骤都考虑到营销功能的需求，使网站一上线即具备营销功能或有利于优化推广的特征。

综合来讲，营销型网站是以客户服务为主的网站营销、以销售为主的网站营销及以国际市场开发为主的网站营销。

（二）营销型网站的搭建技术

案例引入

合兴源农业发展公司网站搭建

合兴源农业发展公司计划搭建一个营销型网站，开展电子商务工作，根据实际情况决定外包。经过交流，原通电商和境知企业网络服务两家专业的网站建设服务公司分别给合兴源农业出具了网站建设方案，两份方案的时间规划见表 1-1 和表 1-2。

表 1-1　原通电商公司出具的网站搭建方案

<table>
<tr><th>耗时</th><th>第一周</th><th>第二周</th><th>第三周</th><th>第四周至第七周</th><th>第八周</th><th>第九周</th></tr>
<tr><td>7 天</td><td>网站策划</td><td></td><td></td><td></td><td></td><td></td></tr>
<tr><td>42 天</td><td></td><td colspan="3">网站后台开发</td><td></td><td></td></tr>
<tr><td>7 天</td><td></td><td>网页设计</td><td></td><td></td><td></td><td></td></tr>
<tr><td>7 天</td><td></td><td></td><td>网页制作</td><td></td><td></td><td></td></tr>
<tr><td>14 天</td><td></td><td></td><td></td><td></td><td colspan="2">网站前台开发</td></tr>
<tr><td>14 天</td><td></td><td></td><td></td><td></td><td colspan="2">网站编辑</td></tr>
</table>

原通电商公司方案因后台程序开发周期长，网站搭建共耗时 9 周，工时共计 91 天，费用较高，周期较长。

表 1-2　境知企业网络服务有限公司出具的网站搭建方案

<table>
<tr><th>耗时</th><th>第一周</th><th>第二周</th><th>第三周</th><th>第四周</th></tr>
<tr><td>7 天</td><td>网站策划</td><td></td><td></td><td></td></tr>
<tr><td>21 天</td><td>CMS 后台架设</td><td>CMS 二次开发</td><td></td><td>测试</td></tr>
<tr><td>7 天</td><td></td><td>网页设计</td><td></td><td></td></tr>
<tr><td>7 天</td><td></td><td></td><td>前台模板开发</td><td></td></tr>
<tr><td>14 天</td><td></td><td colspan="2">网站编辑</td><td></td></tr>
</table>

境知企业网络服务公司方案因采用开源系统架设网站，仅耗时 4 周，工时共计 56 天，费用较低，周期较短。

合兴源农业发展公司很快做出决定，采用境知企业网络服务公司方案建设营销型网站。合兴源农业发展公司的网站在一个月之内完工并正式投入使用。

思考分析

这两家公司的网站建设为什么会产生截然不同的效果？

参考结论

网站建设需要非常专业的人员进行，它通常要耗费掉大量的时间和财力。现已经有成型的网络营销搭建技术，一般电子商务公司都在使用快速搭站模式，只需要对内容管理系统有一定的认识，就可以搭建出属于企业的营销型网站了。

CMS 是 Content Management System 的缩写，意为“内容管理系统”，利用 CMS 可以加快网站开发的速度和减少开发的成本，并且非常灵活。

网站的信息量越来越大，网页数量越来越多，网站内容管理的工作量也越来越大。最简单也是最原始的情况是网站的管理员来完成管理任务，他制作所有的页面，并检查其中的链接，然后使用 FTP（文件传输协议）工具上传到服务器上。但是，随着网页数量的增加，情况发生了变化，对于一些经常更新的内容，如新闻，许多网站开发了自己的专用的发布系统来维护这些更新频率非常高的部分。动态网页技术的发展支持了这种方式。但是，现代企业网站或门户网站的信息量实在太大了，而且内容的种类非常多，它们不仅发布关于公司的新闻动态，公布企业的产品信息，还将许多支持信息放在网上。特别是当网站访问量激增的时候，动态网页技术无法承担如此大的负荷，只有静态页面处理技术才能担此重任，所以对静态页面管理技术的研究也提升到一个新的高度。于是，CMS 内容管理系统应运而生。

CMS 的设计宗旨就是将网站管理人员从繁重的手工管理中解脱出来，而更多地关注于网站的内容管理和网站的样式设计，通过动态内容静态化，只需要添加内容就可展现。它可以给网页开发带来极高的效率提升，不仅可以用于小型网站、个人网站，还可以扩展功能成为大中型门户网站、跨国企业开发的网站内容管理系统。

下面介绍几种常用的搭建企业营销型网站的 CMS：

1. 织梦内容管理系统

织梦内容管理系统（DedeCMS）以简单、实用、开源而闻名，是国内最知名的 PHP 开源网站管理系统，也是使用用户最多的 PHP 类 CMS 系统。经历多年的发展，目前的版本无论在功能上，还是在易用性方面，都有了长足的发展和进步，DedeCMS 免费版的主要目标用户锁定在个人站长上，功能更专注于个人网站或中小型门户的构建，当然也不乏企业用户和学校等在使用该系统，如图 1-1 所示。

图 1-1　DedeCMS 内容管理系统

2. 帝国网站管理系统

帝国网站管理系统的英文为“Empire CMS”，简称“ECMS”，它是基于B/S结构开发的，是功能强大且易用的网站管理系统，如图1-2所示。它由帝国开发工作组独立开发，是一个经过完善设计的适用于Linux、Windows、UNIX等环境下高效的网站解决方案。

图1-2　帝国网站管理系统

3. PHPCMS内容管理系统

PHPCMS采用模块化开发，支持多种分类方式，使用它可方便实现个性化网站的设计、开发与维护。它支持众多的程序组合，可轻松实现网站平台迁移，并可广泛满足各种规模的网站的需求，可靠性高，是一款具备文章、下载、图片、分类信息、影视、商城、采集、财务等众多功能的强大、易用、可扩展的优秀网站管理软件，如图1-3所示。

快速建立一个可以满足营销职能的网站，我们需要一套开源、专业的CMS内容管理系统，这样能大大减少开发时间，更能有效解决用户网站建设与信息发布中常见的问题。对网站内容进行高效、科学的管理是CMS最大的优势，以上几种常见的CMS内容管理系统能满足绝大多数企业及个人的建站需求。

图1-3　PHPCMS内容管理系统

二、电子商务网站

随着国内互联网使用人数的增加，利用互联网进行网络购物并以银行卡付款的消费方式渐渐流行，其市场份额在迅速增长，电子商务网站也层出不穷。电子商务网站购物已经成为人们生活中必不可少的环节，它是企业进行电子商务活动信息交流的枢纽，同时是企业开展网络营销的工具和展现电商个性化服务的平台。

（一）电子商务网站概述

电子商务网站的类型有很多，根据面对的客户群体不同，展现的电子商务模式也不同。较为常见的电子商务模式有 B2B（企业对企业，Business to Business）、B2C（企业对消费者，Business to Customer）、C2C（消费者对消费者，Customer to Customer）。其中，C2C 主要是以淘宝为代表；B2B 以阿里巴巴 1688 等大型门户为代表；天猫、当当、京东等知名电商企业则是 B2C 的代表。

一个完整的电子商务网站包括以下几个内容：

1. 交易平台

第三方电子商务平台（以下称“第三方交易平台”）是指在电子商务活动中为交易双方或多方提供交易撮合及相关服务的信息网络系统总和。

2. 平台经营者

第三方交易平台经营者（以下简称“平台经营者”）是指在工商行政管理部门登记注册并领取营业执照，从事第三方交易平台运营并为交易双方提供服务的自然人、法人和其他组织。

3. 站内经营者

站内经营者（即第三方交易平台站内经营者）是指在电子商务交易平台上从事交易及有关服务活动的自然人、法人和其他组织。

4. 支付系统

支付系统（Payment System）是由提供支付清算服务的中介机构和实现支付指令传送及资金清算的专业技术手段共同组成，用以实现债权债务清偿及资金转移的一种金融安排，有时也称为清算系统（Clear System）。

电子商务网站的运营综合了比较完善的信息流、资金流、物流等。

（二）电子商务网站的搭建途径

对于企业用户，他们根据企业状况、产品和资金等方面来综合选择合适的电子商务网站。

第一种模式是在基于平台的网上商城开店，如淘宝网。淘宝网作为网络交易平台中的佼佼者，已经帮助许多的普通人借助这一平台在网上开设了虚拟店铺，从而实现了在网上赚钱的梦想。这主要是因为，相比于网下的实体店铺，在淘宝网上开店具有更多的优势，如图 1-4 所示。

图 1-4 淘宝网搭建的电子商务网站

第二种模式是进驻大型网上商城，如进驻天猫商城、京东商城等，像实体店铺进驻商场一样，如图 1-5 所示。

图 1-5 天猫商城

第三种模式是独立网店，适合于资金雄厚的企业。企业可自行设定商品分类及商品管理规则，可自行添加各种支付方式，可按照自己的要求给予用户最好的网上购物体验，常见的是使用电子商务商城程序，如 Ecshop 等独立网店系统，如图 1-6 所示。

中小卖家或个人可选择第一种模式，也就是基于平台的网上商城开店。它的功能支持是三种模式中最全面的，服务支持也是最专业的，费用是三种模式中最低的。支持这种模式的主流平台有一些是免费的，只收主机托管（空间、带宽及域名支持等）费用就可开起专业的网店。

图 1-6 Ecshop 网店系统

三、其他网络营销推广平台

网络营销平台还包括其他以互联网为基础，利用信息和网络媒体的交互性来辅助营销目标实现的市场营销手段，除企业营销型网站、电子商务网站外，还包括以下平台：

1. 分类信息发布网站

分类信息发布网站是互联网新兴起的网站类型，如同在网上打小广告，涉及日常生活的方方面面信息资讯。我们在这些网站里可以获得免费、便利的信息发布服务，包括二手物品交易、二手车买卖、房屋租售、宠物、招聘、兼职、求职、交友活动、生活服务信息，如图 1-7 所示。

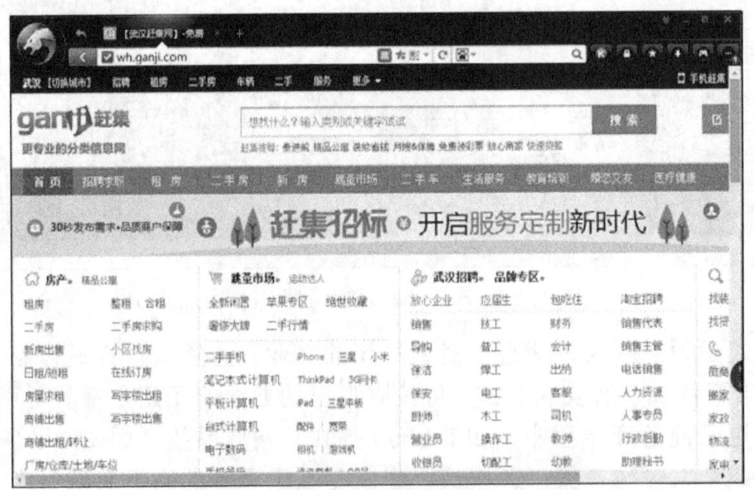

图 1-7 分类信息发布网站——赶集网

2. 论坛型网站

论坛英文全称为 Bulletin Board System（电子公告板）或 Bulletin Board Service（公

告板服务），简称 BBS，是互联网上的一种电子信息服务系统。它提供一块公共电子白板，每个用户都可以在上面书写，可发布信息或提出看法。它是一种交互性强、内容丰富而及时的互联网电子信息服务系统。用户在 BBS 站点上可以获得各种信息服务、发布信息、进行讨论、聊天等，如图 1-8 所示。

耳机大家坛 » 小不点 Little Dot

« 1 2 3 4 5 » Pages: (1/160 total)

小不点 Little Dot 版主:

状态	文章	作者	回复	人气	最后发表
	论坛公告：请大家注意密码安全，不要使用简单密码!	af2000	论坛公告		2013-06-19 19:51
	@ 欢迎光临小不点之家【系列产品专题】@ [1 2 3 4 5 .. 67]	sword_yang 2010-04-27	1326	160831	2015-02-28 19:40 by: sword_yang
普通主题					
	收小不点dac_m	姜小羊的 2015-08-03	0	36	2015-08-03 13:00 by: 姜小羊的

图 1-8　小不点音频设备网友论坛

3．博客营销平台

个人记录日记、展示心情、保存照片等的需求不断增加，催生了这种空间、博客、微博类型的网站，主要由各大运营商提供，如百度空间、QQ 空间、新浪博客等。个人可以随便去注册，免费使用。博客营销是通过博客网站或博客论坛接触博客作者和浏览者，利用博客作者个人的知识、兴趣和生活体验等传播商品信息的营销活动，如图 1-9 所示。

图 1-9　金山软件的新浪博客

4．微博营销平台

微博营销是指通过微博平台为商家、个人等创造价值而执行的一种营销方式，也是指商家或个人通过微博平台发现并满足用户的各类需求的商业行为方式。微博营销以微博作为营销平台，每一个听众（“粉丝”）都是潜在营销对象，企业利用更新自己的微型博客向网友传播企业信息、产品信息，树立良好的企业形象和产品形象。企业每天更新内容就可以跟大家交流互动，或者发布大家感兴趣的话题，这样来达到营销的目的。该营销方式注重价值的传递、内容的互动、系统的布局、准确的定位，微博的火热发展也使得其营销效果尤为显著。微博营销涉及的范围包括认证、有效“粉丝”、话题、名博、开放平台、整体运营等，如图 1-10 所示。

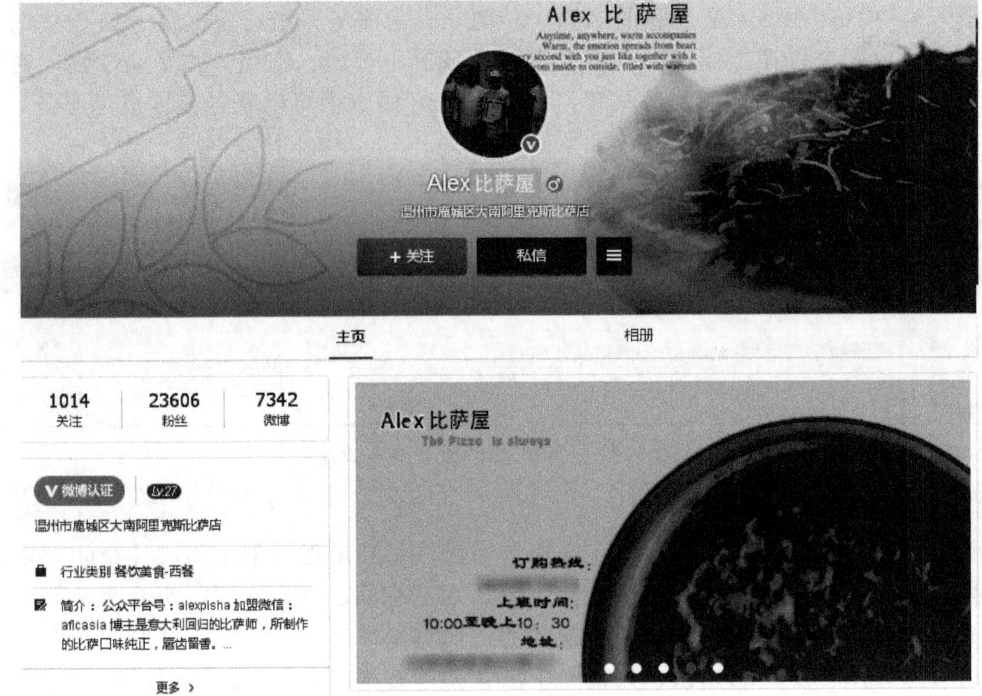

图 1-10　Alex 比萨屋新浪微博

5. 微信营销平台

微信营销是网络经济时代企业或个人营销模式的一种，是伴随着微信的火热而兴起的一种网络营销方式。微信不存在距离的限制，用户注册微信后，可与周围同样注册的“朋友”形成一种联系，订阅自己所需的信息；商家通过提供用户需要的信息，推广自己的产品，从而实现点对点的营销，如图 1-11 所示。

图 1-11　上海外国语大学的微信平台

6. 百科营销平台

百科营销是借助百科知识传播，将企业所拥有的对用户有价值的信息（包括行业知识、产品信息、专业研究、企业文化和经营理念等）传递给潜在用户，并逐渐形成对企业品牌和产品的认知，是将潜在用户最终转化为用户的过程和网络营销方法。对于网络营销来说，百科营销可以利用目标受众关注度，精准覆盖有需要的人群，同时基于百科网站的权威性，可有效规避公众的商业防御心理，是一种创新的网络互动营销工具，如图 1-12 所示。

图 1-12　小米手机百科

以上是常见的网络营销平台。网络营销的推广手段不仅仅靠好的网络营销方案，还要考虑到用户选择怎样的平台来获得信息。

模块二

搭建常见的网络营销平台

通过模块一的学习，我们了解到网络营销平台包括营销型网站、电子商务网站、其他网络营销推广渠道。我们学习网络营销推广技术，必须要有可推广的网络营销主体。我们将在本模块学习到常用的网络营销平台搭建技术。

网络营销平台的查找与分析

分析指南

网络营销平台的查找，首先需要知道网站名称或名称关键字，然后通过百度等搜索引擎查出结果，按搜索引擎的排序规则依次展现。我们通过对网络营销平台的观察来认识它的作用，以及通过栏目、内容、结构、用户体验来判断其是否具有较好的营销价值，如图 1-13 所示。

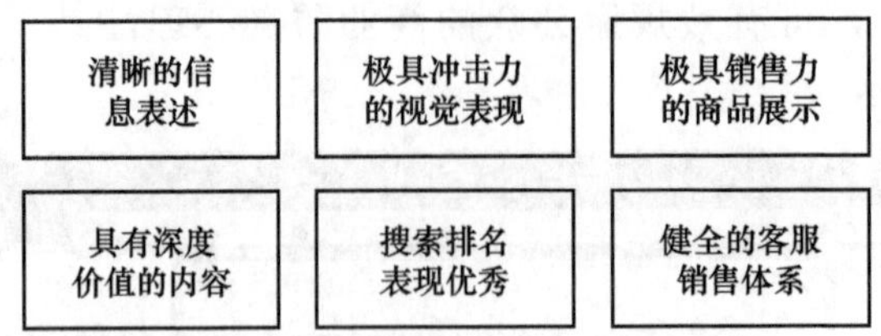

图 1-13　网络营销平台优劣的判断要点

分析网络营销平台的具体操作步骤如图 1-14 所示。

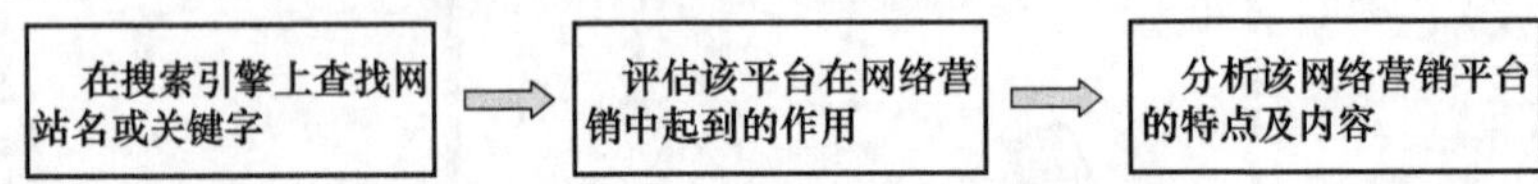

图 1-14　分析网络营销平台的步骤

分析结果记录

任务：完成网络营销平台查找记录表的填写

目的：通过查找网络营销平台了解平台的主要内容及基本作用

内容：按查找到的内容填写平台所显示的信息及判断它在营销中起到的作用。

要求：按表 1-3 的要求完成查找操作，并填写记录内容。

参考：可通过营销型网站、淘宝店、微博、博客、分类信息平台等多个平台查找平台名称。首先，通过在百度搜索引擎上的公司名、产品名等相关信息找到公司的网络营销平台的位置，接着分析该平台起到的作用，最后对该平台的主要内容进行总结与记录。

表 1-3　网络营销平台查找记录表

序号	平台名称	作用	主要栏目内容
1	麦包包新浪博客	宣传品牌	我们的麦包包、CEO 杂谈、媒体报道、公司小新闻、设计与灵感、新品抢鲜看、麦包包与代理商、惊喜活动、拍摄花絮、麦时尚
2	Dreamtimes 天猫淘宝店	产品销售	产品分类、产品测评、价格区间、折扣
3			
4			
5			
6			
7			
8			

营销型网站搭建

操作指南

步骤一：在百度上查找“凡科免费建站”，打开免费建网站链接，如图 1-15 所示。

步骤二：进入官网后单击“马上体验 免费注册”按钮，如图 1-16 所示。

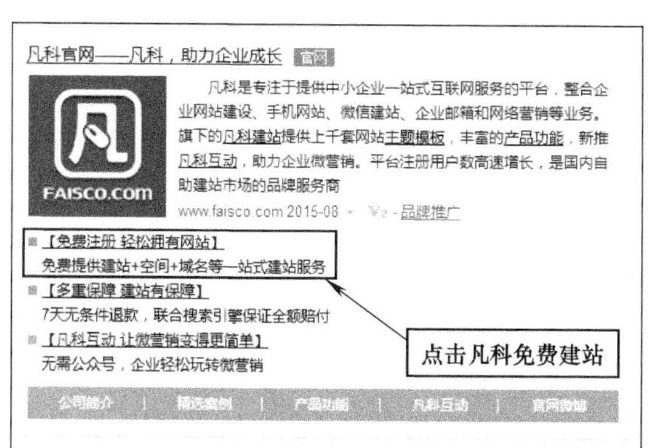

图 1-15 搜索“凡科免费建站”

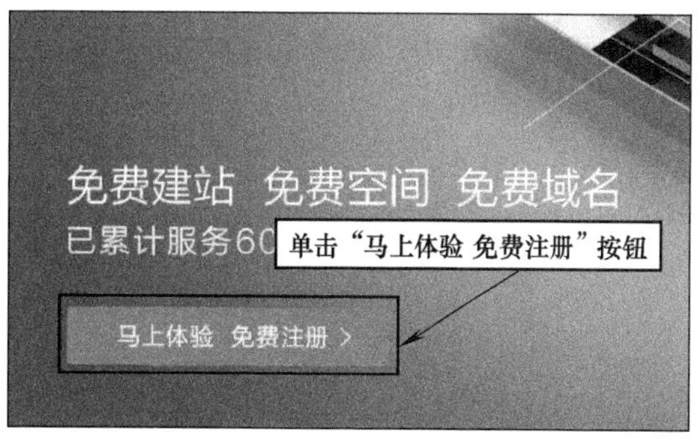

图 1-16 凡科建站网站界面

步骤三：按注册需求填写信息并单击“免费注册”按钮，如图 1-17 所示。

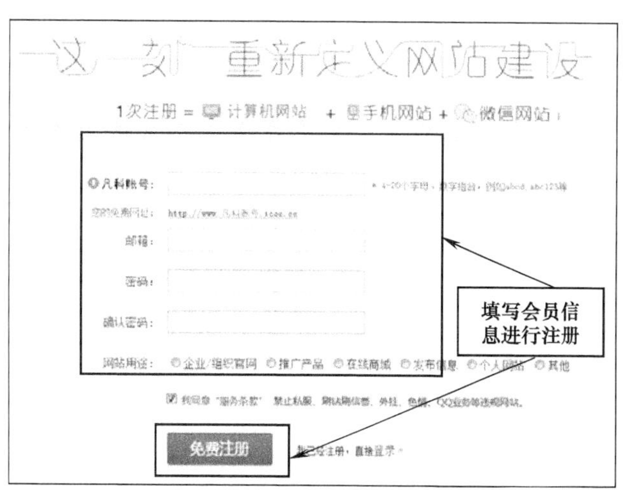

图 1-17 填写会员注册信息

步骤四：阅读建站步骤说明，如图 1-18 所示。

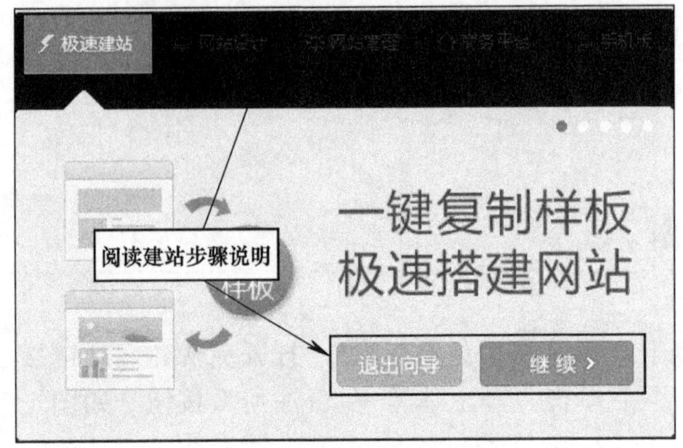

图 1-18　建站步骤说明

步骤五：单击“极速建站”按钮，如图 1-19 所示。

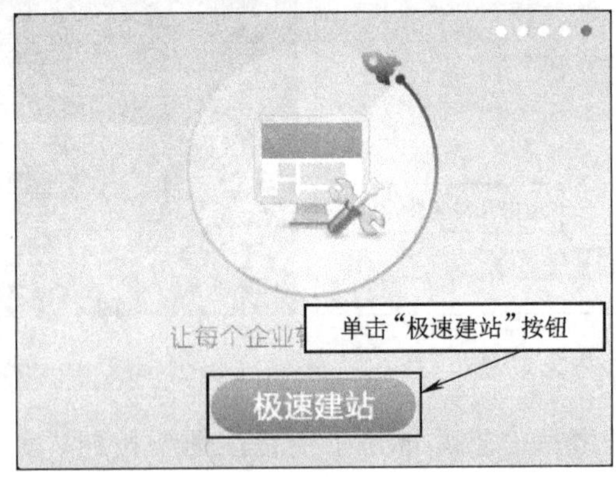

图 1-19　极速建站界面

步骤六：进入模板界面，选择合适的模板，如图 1-20 所示。

图 1-20　模板选择界面

步骤七：选择合适的模板后，单击“复制样板”按钮，如图 1-21 所示。

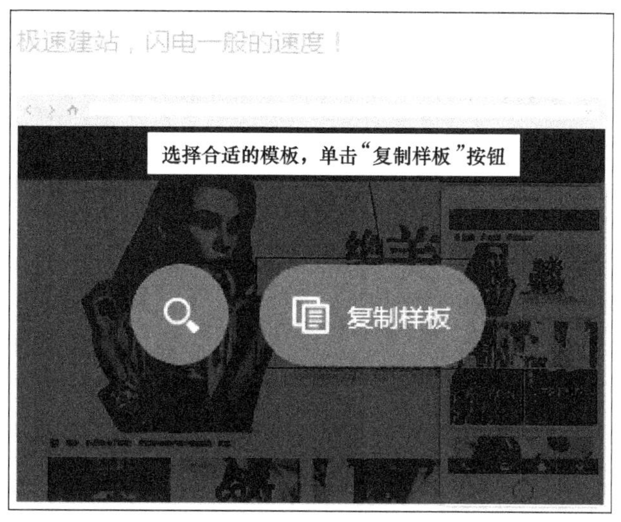

图 1-21　套用模板

步骤八：复制样板，应用模板之后呈现出一个可通过二级域名访问的网站，如图 1-22 所示。

图 1-22　建设好一个可通过二级域名访问的网站

步骤九：需要编辑网站，可通过登录页面，进入网站后台界面，如图 1-23 所示。

图 1-23　后台管理界面

步骤十：单击“网站设计”选项编辑网站，如图 1-24 所示。

图 1-24　更改网站内容

操作记录

凡科是专注于提供中小企业一站式互联网服务的平台，整合企业网站建设、手机网站、微信建站、企业邮箱和网络营销等业务。旗下的凡科建站提供上千套网站主题模板。

任务：完成自助建站记录表的填写。

目的：在完成该项目实训目标的基础上，熟练掌握自助建站流程，包括对自助建站程序的使用，以及网站模块、网站样式的修改等，为后面的建站技术打下基础。

内容：填写自助建站流程。

要求：在对自助建站操作已有所了解的基础上，单独完整地操作一遍，同时完成表 1-4 的填写。

表 1-4　使用自助建站系统建设营销型网站的记录表

项目	使用流程记载
寻找自助建站的网站提供商	
注册过程	
使用自助式建站程序	
套用安装模板	
后台的使用	
设置主要栏目	
编辑页面样式	

知识延展

一、自助建站

自助建站就是通过一套完善、智能的系统，让不会建设网站的人通过一些非常简单的操作就能轻松建立自己的网站。自助建站一般是将已经做好的网站（包含非常多的模板及非常智能化的控制系统）传到网络空间上，然后购买自助建站的人只需登录后台对其进行一些非常简单的设置，就能建立其个性化的网站。其缺点是没有唯一性，对于网站后期的优化和客户的信任度都存在问题。所以，自助建站仅适合社会初学者来建站，众多企业还是选择专业的网络公司，如中国万网、易推传媒，来创建独一无二的属于企业自己的网站，增加客户对网站的信任度和搜索引擎对网站的友好。

自助建站就是一套网站系统，是专门给不懂网页代码或不懂制作网站的人使用的一套系统，通过这套系统可以很方便地制作简单网站。当然，自助建站只是个网络名词，绝大部分的自助建站所使用的系统都不太一样。

“会打字就能建网站”，一个会简单计算机操作的人只要几分钟就能快速生成一个企业网站，甚至是各类门户网站，这就是域名注册查询自助建站所提出的网站建设理念。自助建站使企事业单位能够快速而有效地以“成本节约、简单易用、维护方便”的方式来建设和实施其先进的电子商务系统，使企业能够通过有效的应用互联网技术来提高企业的运作效率、降低成本、拓展业务，从而实现更大的利润和效益。

二、营销型网站的内容范围

根据企业网站信息的作用，可以将企业网站应有的内容范围分为如下几类，这些信息类别也是规划网站栏目结构时主要考虑的因素。

1. 公司信息

公司信息是为了让新访问者对公司状况有初步的了解。公司是否可以获得用户的信任，在很大程度上取决于这些基本信息。在公司信息中，如果内容比较丰富，可以进一步分解为若干子栏目，如公司概况、发展历程、公司动态、媒体报道、主要业绩（证书、数据）、组织结构、企业主要领导介绍、联系方式等。

2. 产品信息

企业网站上的产品信息应全面反映所有系列和各种型号的产品，对产品进行详尽的介绍，如果必要，除了文字介绍之外，可配备相应的图片资料、视频文件等。用户的购买决策是一个复杂的过程，其中可能受到多种因素的影响，因此，企业在产品信息中除了产品型号、性能等基本信息之外，其他有助于用户产生信任和购买决策的信息都可以用适当的方式发布在企业网站上，如有关机构或专家的检测和鉴定、用户评论、相关产品知识等。

3. 用户服务信息

用户对不同企业、不同产品所期望获得的服务有很大差别，有些网站产品使用比较复杂、产品规格型号繁多，往往需要提供较多的服务信息才能满足顾客的需要，而一些标准化产品或日常生活用品相对要简单一些。网站的服务信息常见的有产品选择和使用常识、产品说明书、在线问答等。

4. 促销信息

当网站拥有一定的访问量时，企业网站本身便具有一定的广告价值，因此，企业可在自己的网站上发布促销信息，如网络广告、有奖竞赛、有奖征文、下载优惠券等。网上的促销活动通常与网下结合进行，网站可以作为一种有效的补充，供用户了解促销活动细则、参与报名等。

5. 销售信息

当用户对企业和产品有一定程度的了解，并且产生了购买动机之后，企业在网站上应为用户购买提供进一步的支持，以促成销售（无论是网上还是网下销售）。在决定购买产品之后，用户仍需要进一步了解相关的购买信息，如最方便的网下销售地点、网上订购方式、售后服务措施等。

6. 公众信息

公众信息是指并非作为用户的身份对公司进行了解的信息，如投资人、媒体记者、调查研究人员等，这些人员访问网站虽然并非以了解和购买产品为目的（当然这些人也有成为公司顾客的可能），但同样对公司的公关形象等具有不可低估的影响。对公开上市的公司或知名企业而言，对网站上的公众信息应给予足够的重视。

公众信息包括股权结构、投资信息、企业财务报告、企业文化、公关活动等。

7. 其他信息

企业根据需要，可以在网站上发表其他有关的信息，如招聘信息、采购信息等。对于产品销售范围跨国家的企业，通常还需要不同语言的网站内容。

企业在进行信息的选择和发布时，应掌握一定的原则：有价值的信息应尽量丰富、完整、及时；不必要的信息和服务，如天气预报、社会新闻、生活服务、免费邮箱等应力求避免，因为用户获取这些信息通常会到相关的专业网站和大型门户网站，而不是到某个企业网站。另外，在公布有关技术资料时应注意保密，避免为竞争对手利用，造成不必要的损失。

三、营销型网站建设的一般原则

企业营销型网站的四项基本要素（结构、内容、功能、服务）需要统一在网站建设指导原则下，才能够成为一个具备整体网络营销导向的企业网站。根据对企业网站建设及运营管理规律的研究，将网络营销导向的企业网站建设的一般原则归纳为五个方面：系统性、完整性、友好性、简单性、适应性。

1. 企业网站的系统性原则

企业网站建设不是孤立的，是网络营销策略的基本组成部分，网站建设不仅影响着网络营销功能的发挥，也对多种网络营销方法产生直接和间接的影响。因此，企业在网站策划和建设过程中应该用系统的、整体的观念来看待企业网站。

2. 企业网站的完整性原则

与一般的信息传递渠道相比，企业网站是可以包含最完整内容的网络营销信息源，应该为用户提供完整的信息和服务，这也是网络营销信息传递一般原则所决定的。企业网站的完整性包括：企业网站的基本要素合理、完整；网站的内容全面、有效；网站的服务和功能适用、方便。

3．企业网站的友好性原则

归根结底，企业网站是为了更好地发挥其网络营销价值，友好性是以网络营销为导向的企业网站优化思想的体现，包括三个方面：对用户友好——满足用户需求、获得用户信任；对网络环境友好——适合搜索引擎检索、便于积累网络营销资源；对经营者友好——网站管理维护方便、提高工作效率。

4．企业网站的简单性原则

简单是企业网站专业性的最高境界。从网络营销信息传递原理来看，简单也就是建造最短的信息传递渠道，使得信息传递效率最高、噪声和屏障影响最小。简单性有点抽象，并没有具体标准，是相对于复杂性而言的，往往在不同的方案对比中才能分辨出简单和复杂。例如，用最少的点击次数获得有效信息，而不是将信息隐藏在多级目录之下，这就是简单的表现。

5．企业网站的适应性原则

网络营销是一项长期的工作，不仅网站的内容和服务在不断发展变化，企业网站的功能和表现形式也需要适应不断变化的网络营销环境。随着经营环境和经营策略的改变，对企业网站进行适当的调整是必要的，否则会阻碍网络营销的正常开展。当经营环境发生重大变化时，如对网络营销提出更高的需求层次时，还需要对企业网站进行全新的升级改造。

电子商务网站搭建——以淘宝网为例

实训准备：拥有支付宝账户实名认证的淘宝网账号。

操作指南

步骤一：登录淘宝账号后，在“卖家中心”里选择“免费开店”，如图 1-25 所示。

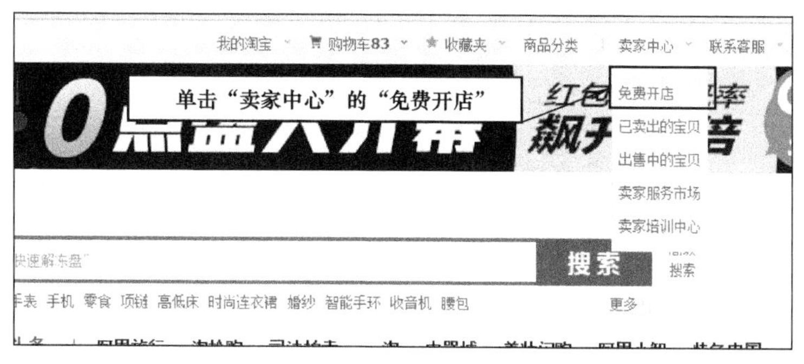

图 1-25 卖家中心——免费开店

步骤二：申请开店认证，如图 1-26 所示。

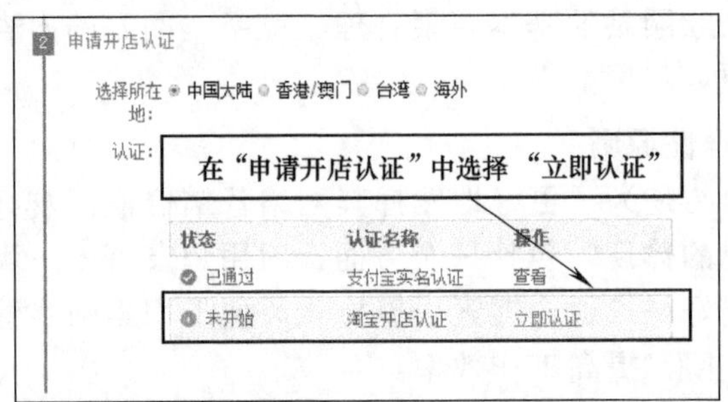

图 1-26　申请淘宝开店及支付宝实名认证

步骤三：申请身份认证，如图 1-27 所示。

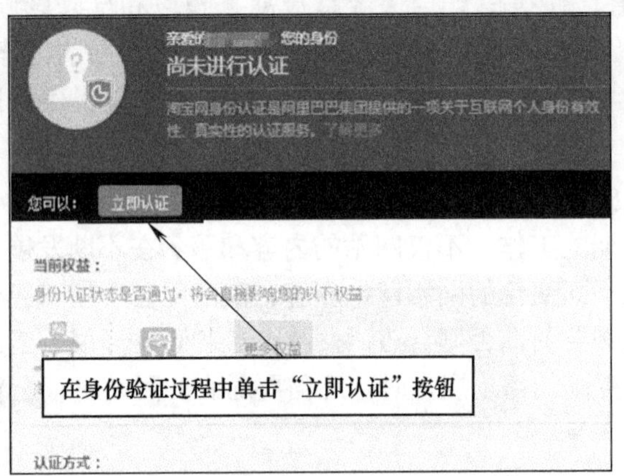

图 1-27　申请淘宝开店身份认证

步骤四：填写淘宝身份认证资料并提交，如图 1-28 所示。

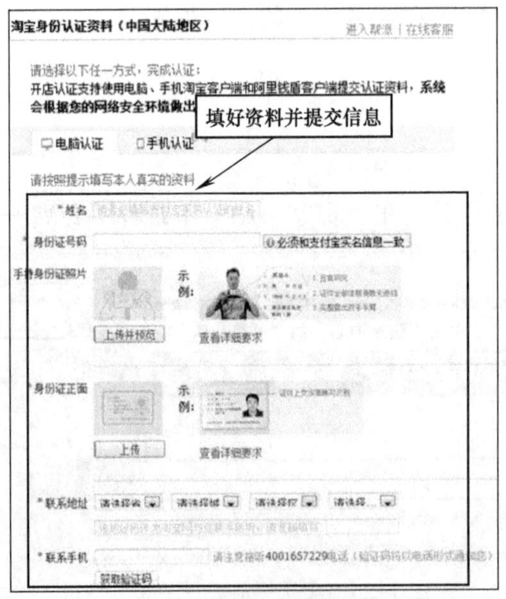

图 1-28　填写申请资料

步骤五：提交资料后等待审核，如图 1-29 所示。

图 1-29　申请提交，等待审核通过

步骤六：创建店铺，如图 1-30 所示。

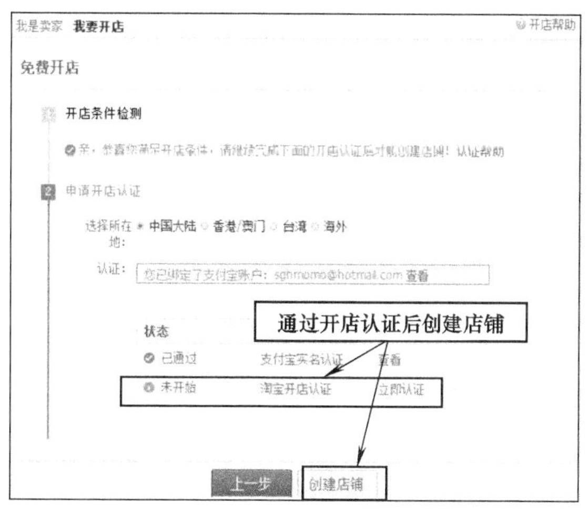

图 1-30　创建店铺

操作记录

淘宝网是目前商品最多、人气最高的 C2C 网站，而且可以免费注册、开设店铺等，各项功能与服务比较友好，操作过程很顺手。本任务的体验活动为开设网站店铺。

任务：完成开设电子商务网站记录表的填写。

目的：在完成该项目实训目标的基础上，熟练掌握淘宝网开店流程，包括对淘宝网的个人支付认证、身份证证、开店流程操作等。

内容：记录开设网店的基本流程。

要求：在开设淘宝网店操作流程的基础上，单独完整操作一遍，同时完成表 1-5 的填写。

表 1-5 使用淘宝网开设电子商务网站的记录表

流程	使用情况记载
注册账户	
认证支付宝	
认证个人账户	
填写资料提交	
创建店铺	

知识延展

一、淘宝企业店铺

淘宝把网上店铺分为两类，分别是个人店铺和企业店铺，截至 2015 年 6 月大概有 12 万家规范化的淘宝企业店铺在淘宝网上运营。这些以企业执照注册的淘宝网店都有着一个共同的特点，那就是：都有一定的经营能力和供应链基础，最重要的就是可以充分展示出自身的服务能力、产品实力和线下的影响力。

现在，淘宝企业店铺通过支付宝的实名认证方式来确定身份，未来可能还会增加补充认证的方式，细化淘宝企业店铺的经营类型，从搜索产品、淘宝店铺、产品详情页、买到的产品、收藏产品等各个环节，都可以用一个规范的标志展现出来。淘宝企业店铺各方面的实力和资质都是比较明确的，淘宝也将会为企业店铺增加更多的选择机会，并降低直通车或钻展方面的使用门槛。

二、天猫商城

“天猫”（英文：Tmall，也称淘宝商城、天猫商城）是一个综合性的购物网站。2012 年 1 月 11 日上午，淘宝商城正式宣布更名为“天猫”。2012 年 3 月 29 日，天猫发布全新商标形象。2012 年 11 月 11 日，天猫借光棍节大赚一笔，宣称 13 小时卖 100 亿元，创世界纪录。天猫是阿里巴巴集团全新打造的 B2C 平台。其整合数千家品牌商、生产商，为商家和消费者之间提供一站式解决方案。天猫提供 100%品质保证的商品，7 天无理由退货的售后服务，以及购物积分返现等优质服务。2014 年 2 月 19 日，阿里巴巴集团宣布天猫国际正式上线，为国内消费者直供海外原装进口商品。

其他网络营销推广平台搭建

其他网络营销推广平台包括内容较多，这里主要以新浪博客与新浪微博为营销平台讲解操作流程。

操作指南

（一）新浪博客开通流程

步骤一： 在百度上查找“新浪博客”，进入官网，如图 1-31 所示。

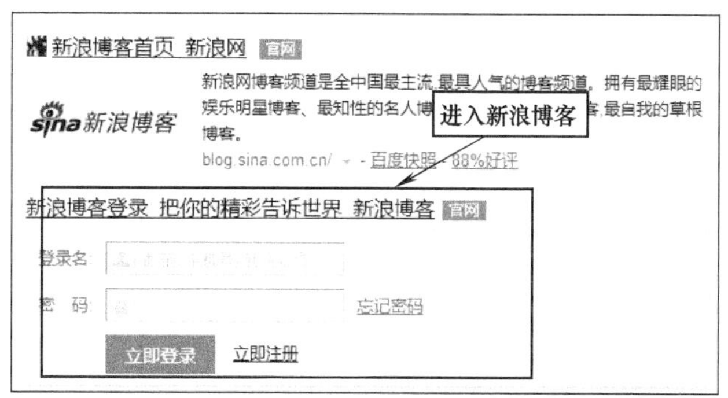

图 1-31　查找新浪博客

步骤二： 在新浪网注册页面填写注册信息，如图 1-32 所示。

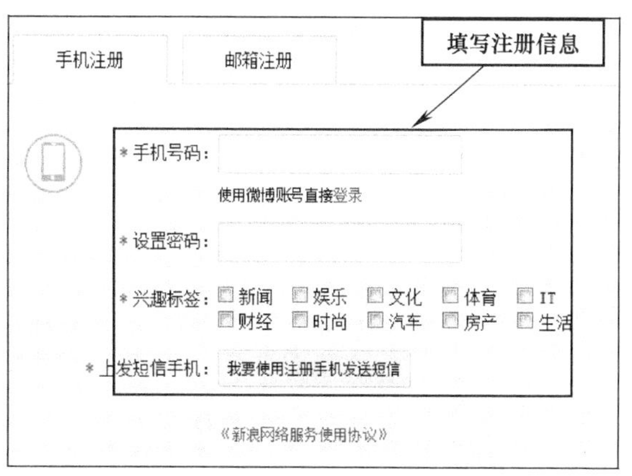

图 1-32　填写注册信息

步骤三： 根据不同的注册方式激活账号，如图 1-33 所示。

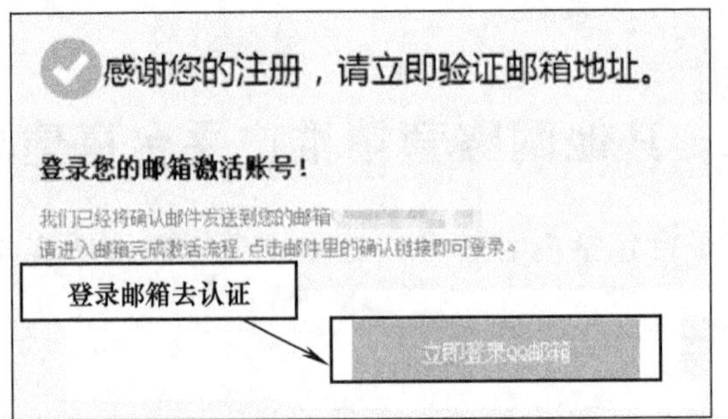

图 1-33　激活账号

步骤四： 登录后，进入新浪通行证界面，完善相应信息，如图 1-34 所示。

图 1-34　开通新浪博客

步骤六： 完善博客信息，单击“立即开通”，如图 1-35 所示。

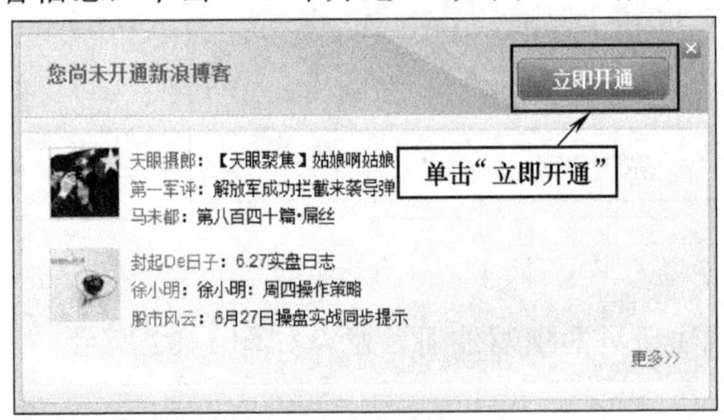

图 1-35　完成开通程序

（二）新浪微博开通流程

步骤一： 在新浪通行证界面单击“微博”→“立即开通”，在弹出界面内选择“进入微博”，如图 1-36 所示。

图 1-36　开通微博界面

步骤二：完善基本资料，如图 1-37 所示。

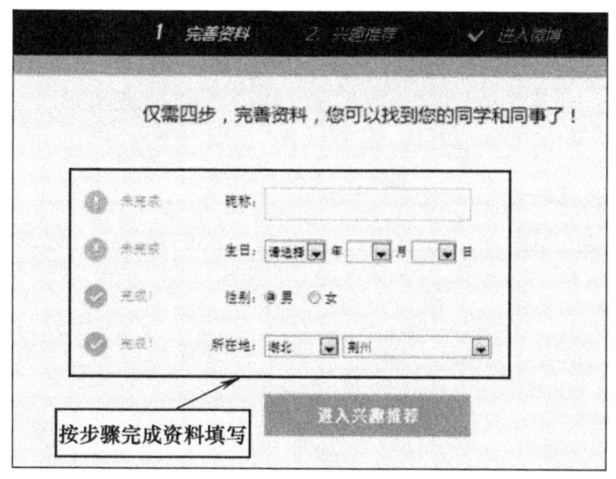

图 1-37　完善基本资料

步骤三：微博开通成功，如图 1-38 所示。

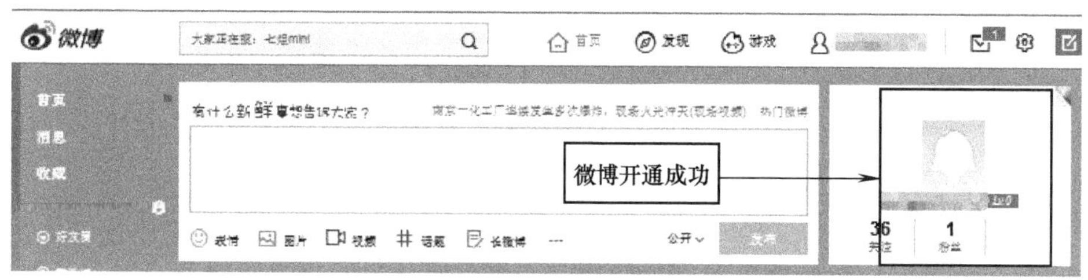

图 1-38　微博开通成功

操作记录

新浪公司是一家服务于中国及全球华人社群的网络媒体公司。新浪博客于 2005 年 4 月推出，已经发展成为一个拥有每日数亿访问规模的个人原创写作与用户分享浏览的交互平台。同时，新浪在 2009 年 4 月推出了新浪微博，它是 Web2.0 时代的代表产物，是中国较为主流且具有高人气的微博产品之一。

任务：完成开通新浪博客与新浪微博记录表的填写。

目的：在完成该项目实训目标的基础上，掌握新浪博客与新浪微博的开通流程。

内容：填写开通新浪博客与新浪微博的基本流程。

要求：在开通新浪博客与新浪微博的基础上，完成对新浪微博的兴趣设置，单独完整操作一遍，同时完成表 1-6 的填写。

表 1-6 开通新浪博客与新浪微博记录

流程	使用情况记载
注册新浪用户	
开通新浪博客	
进行新浪博客的基础内容设置	
开通新浪微博	
对微博进行个人兴趣设置	

知识延展

新浪通过门户网站新浪网、移动门户手机新浪网和社交网络服务及博客服务、微博服务组成的数字媒体网络，帮助广大用户通过互联网和移动设备获得专业媒体和用户自生成的多媒体内容（UGC），并与友人进行兴趣分享，是具有营销优势的网络平台之一。

项目评价

根据实际操作情况填写网络营销平台操作综合评价表，见表 1-7。

表 1-7 网络营销平台操作综合评价表

评价项目	分值/分	自我评价	小组评价	教师评价	标准
能顺利注册自助建站账号	10				熟练掌握：85～100 分 基本掌握：75～84 分 部分掌握：60～74 分 没有掌握：60 分以下
能使用模板套用在网站上	10				
能通过发布的网址查看网站	10				
能顺利提交开设淘宝店的信息	10				
能开设淘宝店铺	10				
能通过搜索引擎找到新浪官网并注册通行证	10				
能开设微博账号	10				
能开设博客账号	10				
能发布基本的博客和微博内容	10				
能对界面进行适当的修改和调整	10				
合计	100				

课后练习

一、判断题

1. 网站建设只使用 CMS 内容管理系统建设。 （　　）
2. 营销网站包括微博、微信等平台。 （　　）
3. 网络上的部分大 V 博客带有网络营销的作用。 （　　）
4. 微信公众平台是企业或个人可选择的营销平台。 （　　）
5. 淘宝网开店可以看作个人或企业的电子商务网站。 （　　）

二、单项选择题

1. 营销型网站的优点不包括（　　）。
   A. 清晰的结构流程　　B. 极高的公信力和深度价值的内容
   C. 美观大方的网站页面　　D. 安全便捷的后台
2. 下列属于营销型网站建设一般原则的是（　　）。
   A. 企业网站的完整性原则　　B. 企业网站的发展性原则
   C. 企业网站的实用性原则　　D. 企业网站的合理化原则
3. CMS 在网站建设中的优点是（　　）。
   A. 利用 CMS 可以加快网站开发的速度和减少开发的成本，并且非常灵活
   B. CMS 不但可以处理文本，还可以处理图片、Flash 动画、声频、视频甚至电子邮件档案等
   C. 隐藏在 CMS 之后的基本思想是分离内容的管理和设计
   D. 网站模板与网站程序完全分离”和“模板方案”是 CMS 的主流设计特点，让网站的模板设计与程序彻底分开
4. 营销型网站的分类不包含（　　）。
   A. 论坛　　B. 政府官网
   C. 商城　　D. 博客
5. 以下关于营销型网站论点错误的是（　　）。
   A. 企业网站的四项基本要素（结构、内容、功能、服务）需要统一在网站建设指导原则下，才能够成为一个具备整体网络营销导向的企业网站
   B. 专业的网站运营管理更能发挥营销型网站的网络营销价值，如果说网站建设是网络营销的基础设施，那么网站运营则是网络营销的动力源泉
   C. 所谓营销型网站就是为实现某种特定的营销目标，能将营销的思想、方法和技巧融入网站策划、设计与制作中的网站
   D. 最为少见的营销型网站的目标是获得销售线索或直接获得订单

三、问答题

1. 请简述 CMS 内容管理系统是什么。
2. 常用的网络营销平台有哪些？
3. 以网络营销为导向的建站方式有哪些？
4. 常见的搭建企业营销性网站 CMS 系统有哪些？
5. 请简述 CMS 的优势。

项目二

网络营销平台内容填充

项目概述

优秀的网络营销平台一定是能够为用户带来良好体验的网站。在海量的页面信息中，这些页面带来了流量，是否能够给用户带来帮助，这就需要我们对网站的内容进行精准的把握。

同时，网络营销平台的用户有许多需求，页面也有许多功能和内容要呈现在访问者眼前，其中较为主要的就是网络营销平台的栏目及内容。好的网络营销平台的内容布置，绝不是随便想想就得出来的，需要深入研究和规划。

项目导入

网络营销平台的内容是如何呈现给用户的？用户需要怎样的信息与帮助？基于用户行为分析设计的网站栏目很好地解决了这些问题。用户的行为决定了栏目的详细功能、排版布局，这对一个栏目是否受用户欢迎、是否满足用户需求、是否有好的用户体验至关重要。

对网络营销平台的策划与设计者而言，用户体验体现在网站具有清晰的导航系统、方便的信息搜索与可延展的链接指引，这一切都是在了解用户行为之后而做的工作。本项目，我们着重学习通过用户行为来设计网站栏目的方法，通过设计方法的学习起到抛砖引玉的作用，其他营销平台的内容填充就不再详细讲解了。

模块一

理论知识：平台内容填充概述

良好的内容是企业营销平台的价值所在，我们需要了解平台的内容是如何呈现给用户的，以及用户还需要怎样的信息与帮助。基于用户行为分析设计的栏目就能很好地解决这些问题。

一、平台栏目设计

网络营销平台是由栏目组成的，每个栏目的划分是一个对潜在用户需求再细分的过程，做好每个栏目的策划，网络营销平台的总策划就成功了 80%，所以，栏目策划在网络营销平台策划中的重要性不言而喻。如果一个平台中有两三个栏目策划运营成功了，就会让整个网络营销平台都取得成功，这一点在网络营销平台创立初期显得尤为重要。

栏目设计主要考虑网络营销平台建设目的、栏目设置、服务对象、任务安排等方面的内容，在实际操作中可根据具体情况适当增减，但是栏目策划的宗旨就是要了解用户需求，结合用户体验设计，既要表述清楚内容，还要便于用户获取他想要知道的信息。

常见的栏目一般是对网络营销平台内容的分类。比如，网站的栏目是导航，电子商务店铺的栏目是对商品的分类，博客、微博等网络营销平台是对内容的分类。

二、平台具体内容填充

网络这种开放平台使得人们发布信息非常自由与随意，网络文章的转载、伪原创，让网络环境产生很多的垃圾信息。现在，原创的网络内容越来越难得。因此，企业网站在具体内容上保持原创性，不仅能够让企业的网站充满新鲜感，而且能够得到搜索引擎的认可，使网站有不错的排名。保证网站具体内容的真实有效，提高用户信息度，才能够让网络营销平台为企业创造更多的商业机会。

（一）企业网站的具体内容填充

企业网站是用来树立和传达品牌形象的，它代表着企业的网上品牌形象，人们在网上了解一个企业的主要方式就是访问该公司的网站，网站形象代表了一个企业的品牌形象、企业文化形象等多个方面，通过访问网站，可以让访问者对企业的产品和服务有一个更深入的了解，灵活地向用户展示产品说明及图片甚至多媒体信息，正是企业网站的主要价值所在。企业可以利用网站这个信息载体，发布一切有利于企业形象、顾客服务及促进销售的新闻、产品信息、促销信息、招投标信息、合作信息、人员招聘信息等。

（二）电子商务网站的具体内容填充

电子商务网站的具体内容填充主要有两方面的内容：商品的分类、商品的详情页设置。

1. 商品的分类

电子商务网站上的每件商品都属于一个类目，由于商品发布得太多，买家会很难找到，而且并不是每个买家都愿意把店铺中的所有商品都看一遍，因此，设置好商品的分类可以使买家迅速找到自己想要购买的宝贝。

商品分类的设置起到了推荐的作用，很多买家都是被某件商品吸引而进入店铺的，但并不是每个买家都想购买这件商品。如果一个店铺在商品详情页面同时展示了商品的分类，那么买家很可能会对其他类目感兴趣而促成其他购买。

商品的一般归类法主要是根据商品的属性、类别、适应人群、特点来划分的。需要注意的是，在电商平台上，一个商品可以分到多个类别，所以对一些含有多个类别信息的商品而言，商品的推广非常方便。

2. 商品的详情页设置

商品的详情页是提高转化率的首要入口，一个好的商品详情页就像专卖店里一个好的推销员，面对各式各样的客户，一个是用语言打动消费者，一个是用视觉传达商品的特性。所以，商品详情对提高商品转换率至关重要。

一个好的商品详情页中一般包括以下内容：

1）优惠信息：收藏+关注，轻松赚 10 元优惠券或购物立减 5 元，优惠幅度可以调整。

2）焦点图：突出单品的卖点，吸引眼球。

3）推荐热销单品：大概三四个店铺热卖单品，性价比好。

4）产品详情+尺寸表：如编号、产地、颜色、面料、重量、洗涤建议。

5）模特图：至少一张正面图、一张反面图、一张侧面图，展示不同的动作。

6）实物平铺图：把衣服的颜色和种类展示出来，不同的颜色代表什么性格或展示什么风格。

7）场景图：模特在不同的场合角度带来不同的视觉美感。

8）产品细节图：如帽子或袖子、拉链、吊牌位置、纽扣。

9）同类型商品对比：找一些同类质量不好的或者高仿效果不好的商品进行对比。

10）买家秀展示或好评截图：如展示去年的羽绒服买家。

11）搭配推荐：如情侣款或中长款，不要和上面的推荐重复。

12）购物须知：邮费、发货、退换货、衣服洗涤保养、售后问题等。

13）品牌文化简介：让买家觉得品牌质量可靠，容易得到认可。

模块二

填充企业网站内容

通过上一模块的学习，我们了解到网络平台的内容填充一般分为两个部分——平台栏目设计及平台具体内容填充。电子商务网站的具体内容填充主要是商品的分类及商品的信息填充，本书不再进行讲解。本模块主要学习填充企业网站内容。

企业网站的内容填充设计

分析指南

企业网站的内容填充设计包括栏目设计与内容设计两部分。网站的每一个栏目代表一个用户群某个方面的需求，同时某个方面需求的满足，需要由一个完整的产品或平台来完成。在一个大需求的前提下，如果还有一个完整的细分需求，就要在一级栏目下设置二级栏目，如图 2-1 所示。

填充网站内容的具体操作步骤如图 2-2 所示。

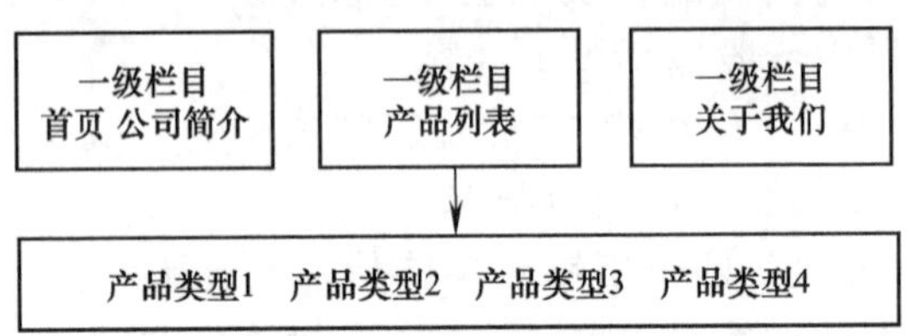

图 2-1 网站栏目设计的一般规划

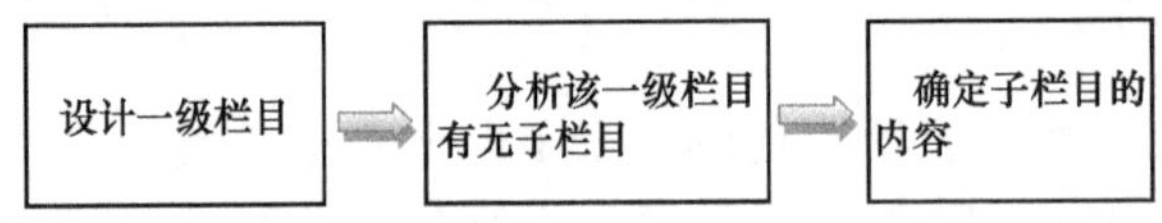

图 2-2 填充网站内容的步骤

分析结果记录

任务： 完成网站内容填充记录表的填写。

目的： 通过设计栏目了解整个网络营销平台的主要内容及规划。

内容： 按设计的平台内容填写网站平台内容填充设计表。

要求： 按表 2-1 的要求填入相关内容。

参考： 可通过相类似的企业网站和竞争对手网站查看栏目后，设计出自己网站的一级栏目，再根据一级栏目设计子栏目，深度可达到二级或三级，并规划栏目的主要内容。

表 2-1 网站平台内容填充设计表

序号	一级栏目	二级栏目	栏目主要内容
1	首页	无	企业宣传主页，包括最新新闻、主要的几大栏目板块、产品的主要信息等
2	公司简介	公司简介、公司愿景、员工价值、团队合作	包括公司的成立信息、规模、员工组成及团队等相关信息
3			
4			
5			
6			
7			
8	关于我们	无	公司的联系信息、地址等

企业网站的栏目设计

操作指南

步骤一：通过用户名和密码登录凡科网站，进入后台管理界面，如图 2-3 所示。

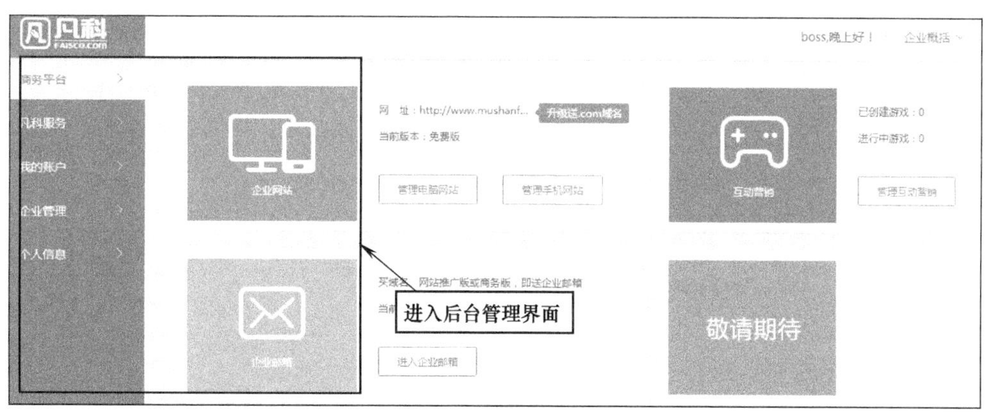

图 2-3 凡科后台管理界面

步骤二：单击“管理电脑网站”按钮，进入电脑网站版本，如图 2-4 所示。

步骤三：将鼠标移到导航栏目上，显示出栏目的设置按钮，并选择“管理栏目”菜单，如图 2-5 所示。

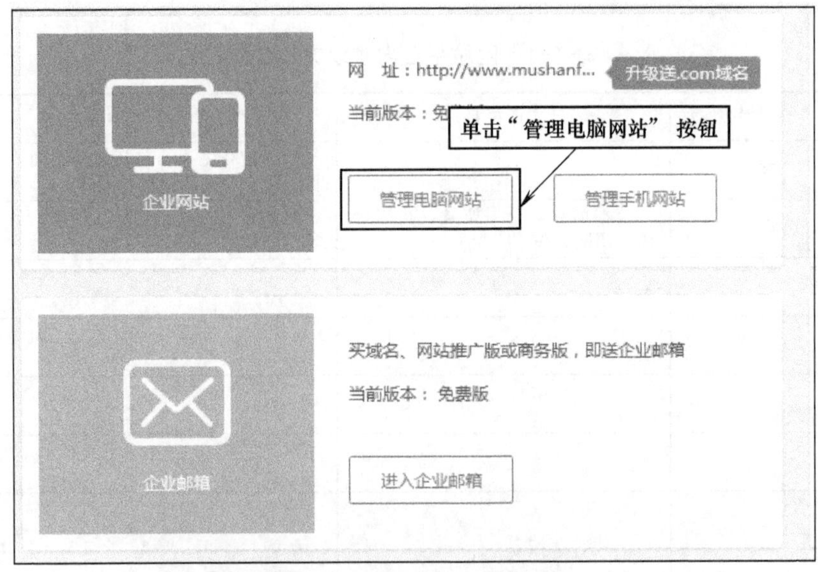

图 2-4　开始进行网站管理

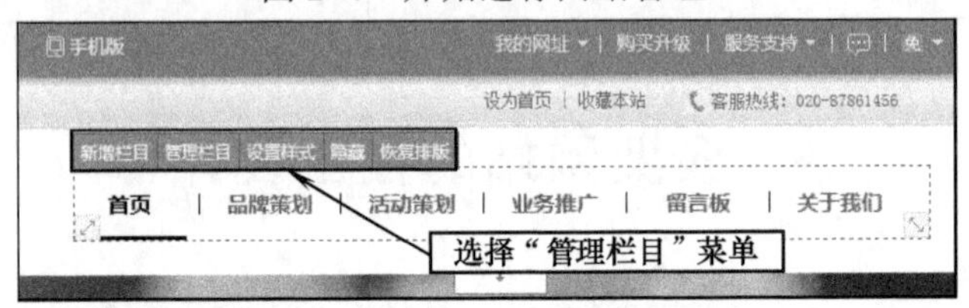

图 2-5　对网站的栏目进行管理

步骤四：在弹出的"管理栏目"中，将鼠标移入原模板内置的栏目上，单击"开启栏目"菜单下的图标，将内置的栏目全部隐藏掉，如图 2-6 所示。单击"保存"按钮，原有模板栏目被全部清除，如图 2-7 所示。

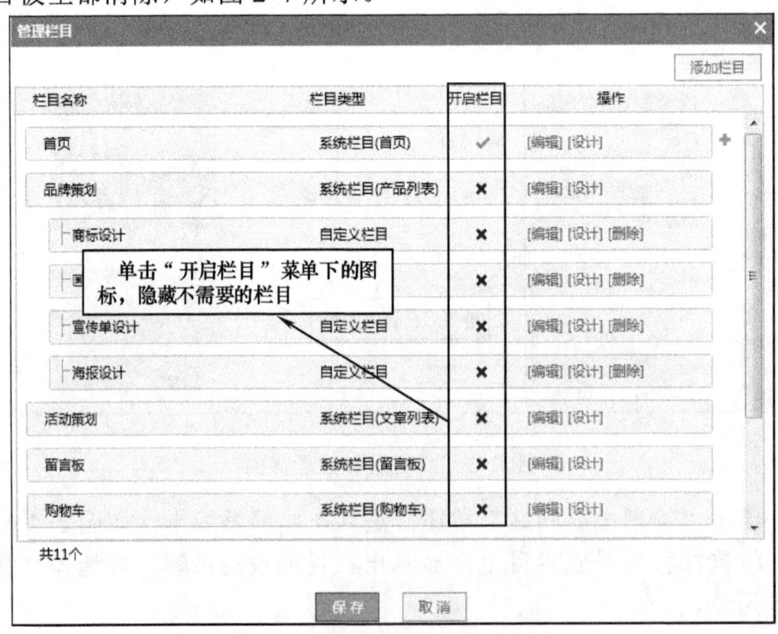

图 2-6　隐藏不需要的网站栏目

图 2-7　栏目隐藏后的效果图

步骤五：重新回到“管理栏目”对话框中，单击“添加栏目”按钮，在弹出的“添加栏目”对话框中填入设计好的栏目名称即可，如图 2-8 所示。

步骤六：将设计好的栏目全部填充在“管理栏目”菜单栏内，注意一级栏目与二级栏目的所属，如图 2-9 所示。

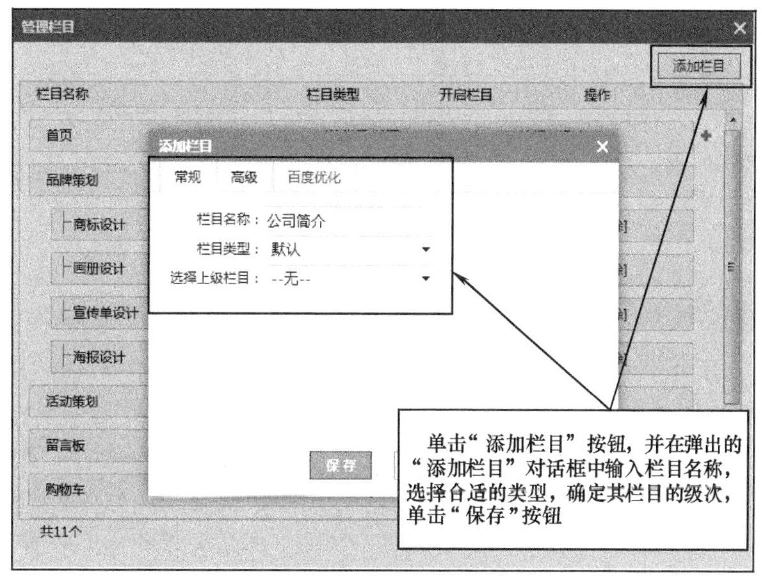

图 2-8　添加新栏目

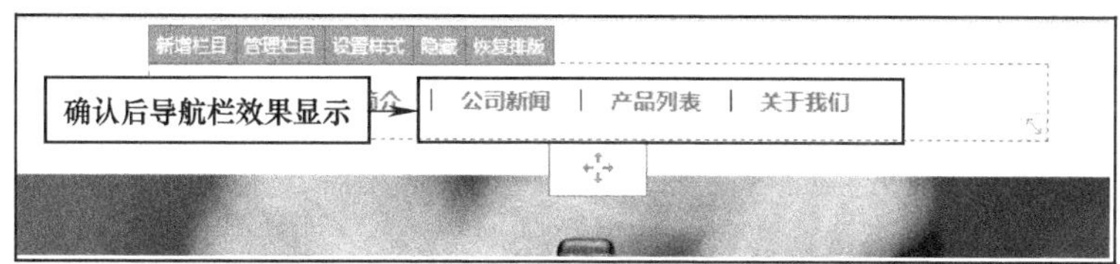

图 2-9　添加栏目效果图

操作记录

凡科的网站中根据模板的样式与分类已经预先内置了许多的栏目，我们在考虑网站的栏目时，对不需要的网站栏目可以不开放，然后添加自己需要的栏目名称即可。

任务：完成栏目设计记录表的填写。

目的：在完成该项目实训目标的基础上，熟练掌握网站的栏目建设，包括对栏目的增加、删除、修改等工作。在对栏目的操作过程中，对栏目的级次有清晰认识。同时，要求对使用自助模板建站后所产生的不需要栏目进行屏蔽。

内容： 填写栏目设计记录。

要求： 在设计好的栏目表基础之上，单独完整操作一遍，同时完成表 2-2 的填写。

表 2-2 使用自助建站系统进行栏目设计的记录表

项目	使用流程记载
通过用户名与密码登入凡科	
进入电脑网站版的管理页面	
原有模板栏目的部分屏蔽	
栏目的增加	
栏目的修改	
完成网站栏目的级次分类	

知识延展

一、企业网站栏目的一般内容

1）主页：主要以企业的产品、商标标志、工作环境及企业意向为设计主题，构思出一个突出企业形象且具有企业风格的多媒体网上包装。

2）公司简介：主要介绍企业的性质、工作环境、公司员工等内容。其插图一般包括工厂面貌、工作环境、生产设备、公司奖项、名人合影或题字和代表性产品图等。

3）产品介绍：此页主要介绍产品的用途、性能、颜色、结构、技术参数等内容，这是网页多少的决定项目。产品网页的策划一般按其不同的类型划分各网页。

4）最新消息（最新动态）：主要介绍企业的最新消息。

5）客户反馈：此功能可分为三种设计方式：

① 访客留言后不留在网页上，直接发送到企业指定的电子邮箱。

② 访客留言后留在网页上，让之后的访问者可以在网上看到之前的留言信息（数据用 FTP 管理）。

③ 访客留言后留在网页上，让之后的访问者可以在网页上看到之前的留言（数据存在数据库，可查询和总结报告）。

6）网上订单：按网上表格形式填写后发送到电子邮箱或数据库中。

7）联系我们：集合企业所有隶属机构的联系地址、电话传真、网址、电子邮箱、联系人和公司所在地图等。

二、使用凡科建站的栏目属性选择

栏目的属性一般分为四种：产品展示、新闻列表、图册展示、自定义链接。这几种不同的栏目属性决定着网页显示的内容与结构的不同。

根据企业网站信息的作用，可以将企业网站应有的内容范围分为如下几类，这些信息类别也是规划网站栏目结构时主要考虑的因素。

（1）产品展示　凡科内的产品展示是提供了一个快速建立产品分类页面的模板，在有大量商品需要展示的情况下使用该栏目属性。

（2）新闻列表　新闻列表属性是文章列表的一种表现形式，适用于新闻与文章较多的页面。

（3）图册展示　图册展示可用于展示图册目录，支持文字图册目录和图片图册目录两种形式。

（4）自定义链接　网站内可以直接通过此项链接连到外部地址上，如自己的论坛或相关的友情链接项都可以使用该属性。

三、栏目功能和内容表现形式分析

行业网站栏目应针对所服务对象的不同而具有不同的形式，有的栏目更多的是显示信息的文字链接，辅助以少量的图片；有的栏目则主要是通过图片来吸引用户浏览，甚至全部是图片，如相册、图库等；有的栏目要重点突出搜索功能，通过各种条件的搜索来让用户更方便快捷地获得信息；有的栏目需要用视频、声音才能更好地表达，如现场采访、新闻播报、企业宣传片等；还有的信息需要提供下载附件的形式来满足用户的需求，如电子书、PDF 文档、Excel 表格等；还有的需要提供更好的互动引导，如社区栏目的信息主要由用户提供，就要将一定时间内发信息最多、用户评论最多、信息质量最好的信息放到重要位置显示，引导用户去贡献更多的信息。在栏目策划的时候，一定要将表达方式想明白，多看看网络上常见的互联网应用，不断创新。

企业网站的具体内容填充

操作指南

步骤一：在网站编辑界面选择需要设计的栏目，进入该栏目页面内，如图 2-10 所示。

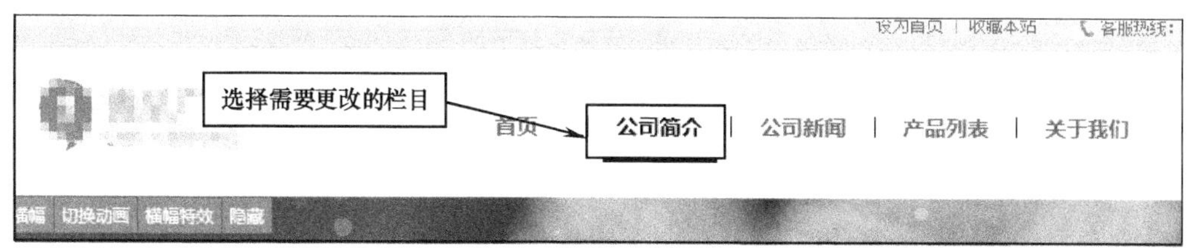

图 2-10　选择需要更改的栏目

步骤二：在该页面下方单击“添加模块”按钮，在页面左侧弹出“网站模块设计”界面，如图 2-11 所示。

步骤三：选择需要的模块类型并拖入页面。以“添加图文展示模块”为例，在弹出的窗口填写模块标题，并选择模块的样式，如图 2-12 所示。

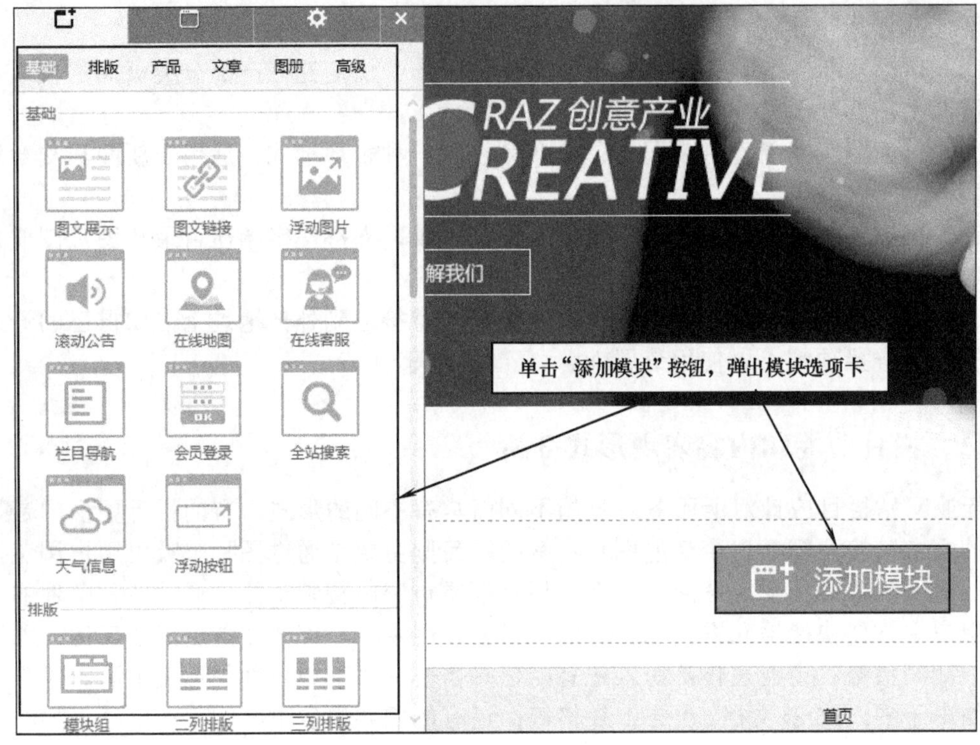

图 2-11 添加模块

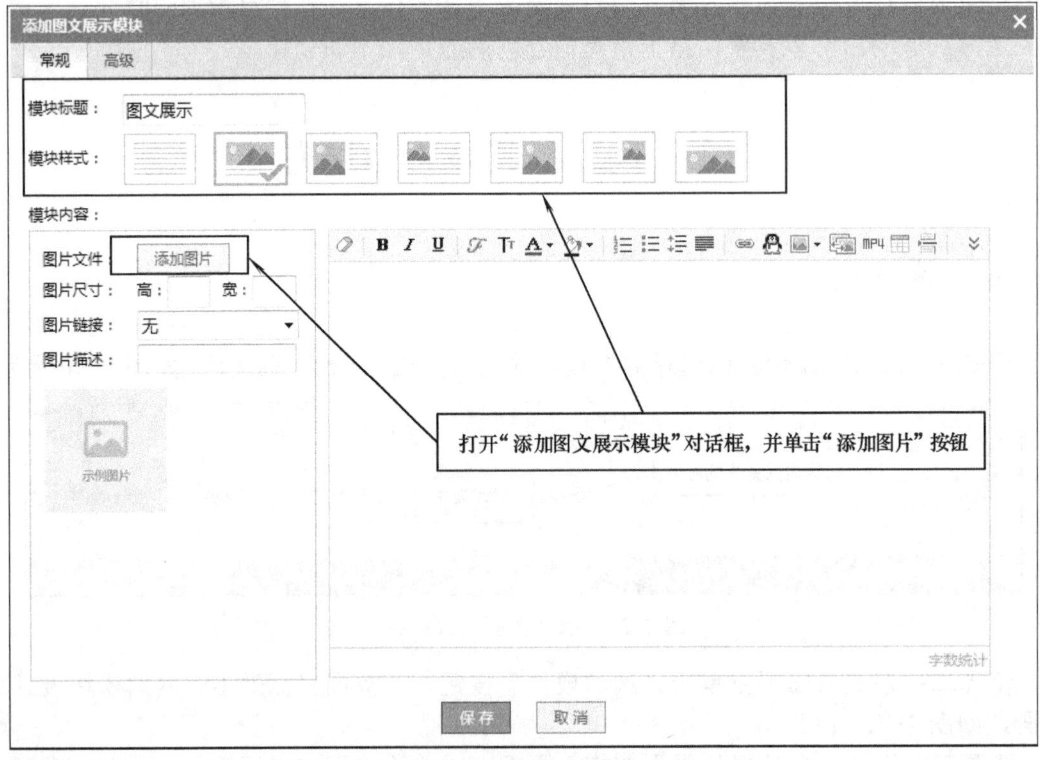

图 2-12 添加图文模块

步骤四：选择合适的图片，并单击“确定”按钮，如图 2-13 所示。

图 2-13　选择合适的图片

步骤五：在文本框内输入文字内容，并单击“确定”按钮，如图 2-14 所示。

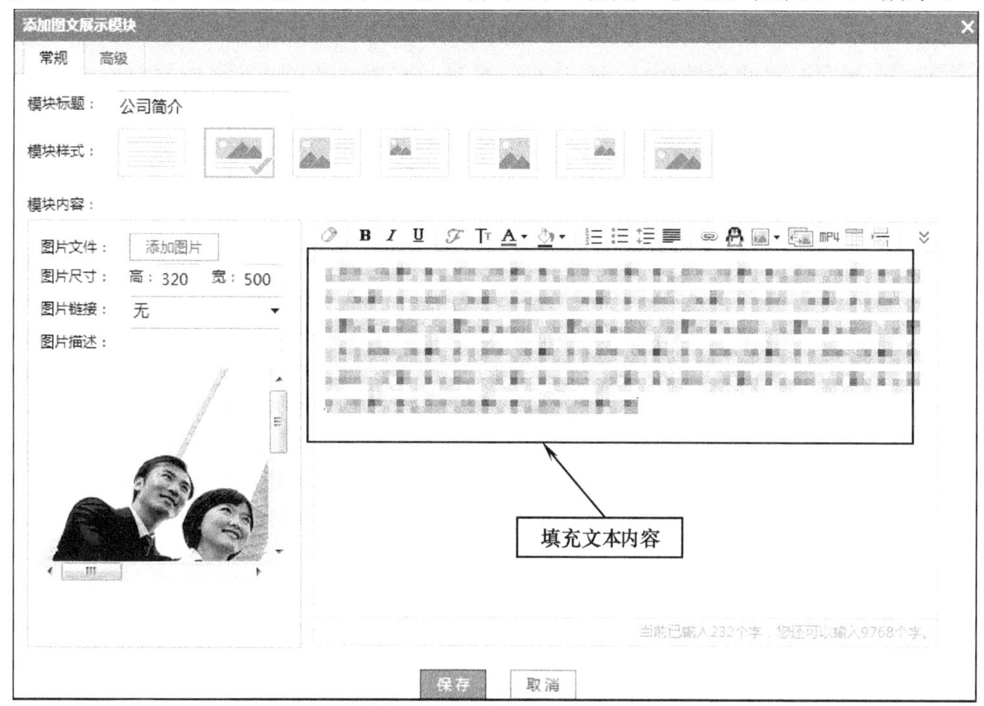

图 2-14　填充文本内容

步骤六：查看页面最终效果，如图 2-15 所示。

图 2-15　图文模块的效果图

步骤七：根据设计需要选择合适的模块完善整个网站。

操作记录

凡科自助建站提供了丰富的页面模块供用户建站选择，每个页面模块都有其方便而实在的作用。使用这些模块可以快捷地搭建企业所需的网站效果。由于模块过多，用法相似，本书不一一讲解，需要同学们自己学习。

任务：使用其中的一种或多种模块完善网站。

目的：在使用模块的过程中，学习如何填充网站内容，熟练掌握网站模块在网页中的使用方式。

内容：填写网站模块使用情况。

要求：学习八种以上不同模块的使用方法，并单独完整操作一遍，同时完成表 2-3 的填写。

表 2-3　开设电子商务网店的记录表

流程	使用情况记载
能根据内容使用合适的模块	
会使用基础的模块	
会使用排版方式内的模块	
了解产品模块的用途	
能使用文章模块	
能使用图册模块中的基本项	
了解高级模块的用途	

知识延展

凡科建站内置的模块使用说明

凡科自助建站提供丰富的页面模块供用户建站选择，每个页面模块都有其方便而实在的作用，下面介绍每个模块的作用及使用方法。

（1）图文展示模块　图文展示模块是在模块中输入文字和图像的说明性模块。图文展示模块支持七种文本与图片显示的搭配格式；支持直接对文本的格式进行编辑；提供了 HTML 源码方式的编辑，最大限度地满足各种设计需求。

（2）图文链接模块　使用图文链接模块，用户可以通过单击图片或文字进入指定的链接。添加友情链接或添加产品对应的链接，使用“图文链接”模块更方便。

（3）产品展示模块　产品展示模块是用于存储产品和展示产品的模块，是凡科建站功能模块的亮点之一。

（4）产品分类模块　产品分类模块用于展示产品分类，选择不同的产品分类，显示不同分类的产品。

（5）产品筛选模块　客户通过筛选模块的筛选分类，可方便快捷地查找到企业的产品。

（6）产品目录模块　产品目录模块可用于展示产品目录，目录支持自定义选择不同的产品，单击产品目录后显示该目录下的产品。

（7）在线 QQ 模块　在线 QQ 模块支持输入客户的 QQ 号码，生成在线客服模块。

（8）栏目导航模块　使用栏目导航模块，可灵活创建不同页面组合起来的导航模块。

（9）文章分类模块　文章分类模块可用于对文章进行分类展示，选择不同的文章分类，显示不同分类的文章。

（10）在线视频模块　在网站上添加与企业相关的新闻访谈、产品广告视频等，可让客户更直观地了解企业。

（11）图册展示模块　使用图册展示模块，可选择指定的图册进行展示。

（12）插入代码模块　凡科建站支持向网站中插入 HTML、JSP 等网页源代码。

（13）在线地图模块　添加在线地图后，用户可以非常直观地看到企业所在地，以及企业想让客户了解的地点，如分店地址、工厂地址等。

项目评价

根据实际操作情况填写营销平台内容填充操作综合评价表，见表 2-4。

表 2-4 网络营销平台内容填充操作综合评价表

评价项目	分值/分	自我评价	小组评价	教师评价	标准
能顺利进行栏目的分级与分类	10				熟练掌握：85～100 分 基本掌握：75～84 分 部分掌握：60～74 分 没有掌握：60 分以下
能对栏目进行简单的内容概括	10				
能根据栏目选择合适的页面表达方式	10				
能根据内容使用合适的模块	10				
能在凡科建站内完成网站的栏目设置操作	10				
能在凡科建站内完成模块的实践操作	10				
能完成基础模块的实践操作	10				
能完成排版模块的实践操作	10				
能完成产品模块的实践操作	10				
能完成文章模块的实践操作	10				
合计	100				

课后练习

一、判断题

1．凡科建站的页面中，使用模块可以自定义类型。（ ）

2．一个网站的主要内容中可以不包含联系信息。（ ）

3．网站首页的描述中需要添加可被搜索的关键词。（ ）

4．企业网站是用来树立和传达品牌形象的，它代表着企业的网上品牌形象。（　　）

5．要提升网站的百度排名，可以从网站内容、浏览器标题、网站关键词、站内站外优化入手。（　　）

二、多项选择题

1．优质的内容是网站好排名的关键，网站内容可以从（　　）方面进行优化。

A．内容与主题相符合　　B．内容原创

C．页面中的内容排版整齐　　D．抄袭网上好的内容

2．网站的栏目设计步骤包括（　　）。

A．设计一级栏目　　B．分析一级栏目下是否有子栏目

C．确定子栏目内容　　D．查找内容来确定栏目

3．网络营销平台的内容有哪些作用（　　）。

A．可以引导用户进入网站访问　　B．呈现用户想看的内容

C．推广互动中提升用户的忠诚度　　D．进行品牌的营销

4．B2B 网站的设计中需要（　　）。

A．网站页面的色彩使用　　B．框架设计及整体风格要一致

C．内容及功能区分布明确　　D．按照用户习惯设计页面

5．从用户体验度看网站不吸引用户的原因有（　　）。

A．读取缓慢　　B．导航设置不当

C．页面不美观　　D．用户不懂使用

三、问答题

1．网络平台的填充分为哪几个部分？

2．网站的栏目设计可以怎么做？

3．使用凡科建站系统增加企业网站平台栏目的一般步骤是什么？

4．请简述网站建设的流程。

5．请简述平台栏目设计前期的思考内容。

项目三

搜索引擎营销

项目概述

搜索引擎营销是指企业借助百度、Google、360 搜索等搜索引擎进行的营销推广工作。

搜索引擎营销（SEM）包括搜索引擎优化（SEO）、点击付费广告（PPC）、精准广告及付费收录，搜索引擎营销主要以 SEO 与点击付费广告为较常见的表现形式。其中，SEO 注重网站自身的优化，包括关键词优化、站内结构优化与站外链接优化，点击付费广告注重目标关键词匹配度的优化。

项目导入

在各种不同的营销推广方法中，使用最为广泛的是搜索引擎营销，简称 SEM。搜索引擎营销的基础是企业网络营销的信息源，它的基本思想是让用户发现信息，并通过搜索引擎搜索点击进入网站/网页，进一步了解他所需要的信息。它的主要目标有两个层次：其一，被搜索引擎收录；其二，在搜索结果中排名靠前。简单来说，SEM 就是以最小的投入在搜索引擎中获得最大的访问量，从而产生商业价值。

搜索引擎营销（SEM）的方法包括搜索引擎优化（SEO）、付费排名、精准广告及付费收录。通俗来讲，就是付费搜索引擎推广与免费搜索引擎推广。其中，付费搜索引擎推广是通过关键词竞价，使其获得好的排名展示，从而产生营销效果。它的特点是投放广告即可见效，但如果停止投放则失效。这种营销方式对资金的依赖非常严重。免费搜索引擎推广（SEO），是通过站内及站外的优化，使网站满足搜索引擎收录排名的需求，在搜索引擎中提高关键词排名，从而吸引精准用户产生营销效果。虽然这种优化的排名无须付费，而且较为稳定，但它周期长、见效慢。因此，一般的搜索引擎推广都使用付费广告与免费优化相结合的方法。但无论使用哪种方法，我们都需要用到一些基础性的搜索引擎营销知识。在本章，我们将对影响搜索引擎的基础性因素进行讲解，并学习如何优化这些因素。

模块一

理论知识：搜索引擎优化基础

企业在进行营销时，无论广告的预算多少，都需要考虑做搜索引擎营销。综合表明，网络营销平台的搜索引擎营销可以按照企业自己的需求进行付费与优化方式的选择。最好的方式是可以选择两种方式同时采用，建立一个长短线并存的搜索引擎营销方式。

一、搜索引擎优化

1. 搜索引擎优化的概念

搜索引擎优化（SEO）英文全称 Search Engine Optimization，是指在了解搜索引擎自然排名机制的基础上，对网站进行内部及外部的调整优化，改进网站在搜索引擎中关键词的自然排名，获得更多流量，吸引更多目标客户，从而实现网络营销及品牌建设的目标。简单地说，搜索引擎优化就是利用搜索引擎的搜索规则来提高目的网站在有关搜索引擎内的排名的方式。

搜索者希望通过搜索词在搜索引擎上来寻找能满足他们需求的网页。在浩瀚如海的网页中，网站只有展现在搜索者眼前，搜索者才去点击，才能给网站带来流量及转化。想要在搜索引擎中展现公司的网站，就要运用到 SEO。

2. 搜索引擎优化的工作内容

全方位的网站 SEO 包括许多工作，但可以归纳为网站内部优化与外部优化。只有框架性地了解 SEO 工作，并且了解各项工作在全面 SEO 中所占比重，才能正确认识 SEO，并有计划地去实施。SEO 的内部优化与外部优化工作比重如图 3-1 所示。

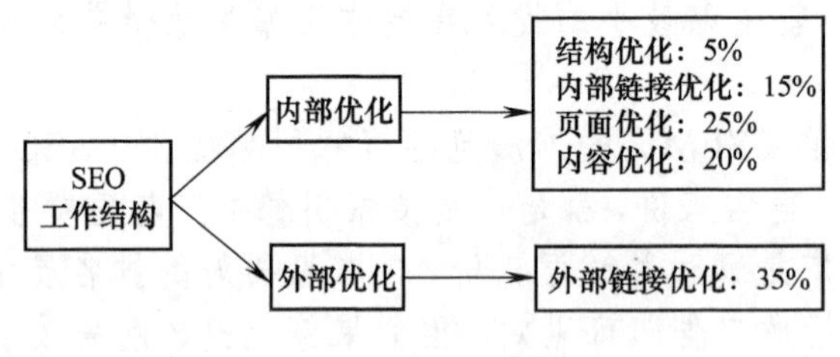

图 3-1 SEO 的工作结构

二、关键词的优化

1. 关键词的概念

关键词源于英文“keywords”，在搜索引擎营销领域，特指用户在使用搜索引擎搜索时所用到的词汇。关键词搜索是网络搜索索引的主要方法之一，就是访问者希望了解的产品、服务和公司等主体的具体名称用语。

2. 关键词的优化方式

关键词优化是 SEO 最基础和最核心的工作，只有网页中包含了关键词，网页才有可能被搜索引擎在提供检索服务时展现给搜索关键词的用户。而好的 SEO 工作人员会合理安排关键词在网页中的频率与位置，更符合用户体验和搜索引擎排序的规则，以达到关键词排名靠前的目的。

每个网站必须要有几个关键词，有的网站甚至有成百上千个关键词。首先我们要把网站所有可能的关键词尽可能多地列举出来。列举出来的关键词，要注意跟网站相关度高。列举的关键词可以短也可以长，可以是搜索量大的，也可以是搜索量小的。列举出这些关键词后就要根据百度搜索、百度指数等一些方法和工具加以分析，然后确立出最终的关键词。

需要注意的是，关键词密度通常建议为 2%～8%，但并不代表密度为 8%的网页就比密度为 2%的网页排名更高。这只代表一个阀值范围，在此范围内的密度即为合理。SEO 还有更多细节工作影响排名，关键词密度只是其中一个。

三、标题的优化

案例引入

“我要买花网”的标题优化方案

“我要买花网”是武汉一家鲜花速递公司，经营范围遍布武汉三镇，但是经营者一直苦恼于用户通过搜索进来的流量太少，想要引入更大的流量争取更多交易机会，于是他找到一家专门做 SEO 的公司，希望能找到解决的办法。

这家公司对整个网站进行了分析，查看了一下原始的网页标题，发现有很多的问题，如图 3-2 所示。

武汉鲜花速递网-武汉送花|武汉订花|武汉花店|武汉网上订花
六朵花武汉鲜花速递网在武汉包括多个武汉花店,我们是武汉专业的鲜花速递服务商,可以提供:武汉送花、武汉订花、武汉网上订花,包括:江岸区|江汉区|硚口区|汉阳区|...
wh.sixflower.com/ - 百度快照 - 评价

图 3-2　错误的标题优化反而会降低网页排名

这家公司对“我要买花网”的网站进行了全面改动，首先确定了网站的关键词是“武汉鲜花速递”，针对关键词优化标题为“武汉鲜花速递就找我要买花网|武汉鲜花速递免费送货”，如图 3-3 所示网页在浏览器中的显示。

通过标题优化之后，“我要买花网”的流量增长幅度大了很多。

➘ 思考分析

文中的专业公司进行了怎样的操作？改动的意义是什么？

参考结论

文中的专业公司对网页的标题进行了优化，带来的意义是流量的增长。网页中需要包含关键词，一个网页通常包含了许多内容，其中网页标题是最重要的部分。网页优化可以说是从标题优化开始的，搜索引擎在抓取网页内容的第一行显示的文字就是网页的标题，如图 3-3 所示网页在浏览器中显示时，顶部和标签中显示的也是该网页的标题，因此标题可谓是一个网页的核心。

图 3-3 “我要买花网”网站的标题优化

对于网站的标题优化，我们常用的格式如图 3-4 所示。

关键词与公司名称 | 业务范围或服务内容（含关键词）

图 3-4 网站的标题优化一般方法

同时，标题写作通常都会遵从以下规律：

在标题的开头尽量出现关键词。因为，搜索引擎进行中文语义分析时，更重视标题的开头部分，通常这个位置最能体现网页的内容与价值。

网页标题建议不超过 25 个汉字，最多不超过 35 个汉字，其中关键词出现次数一般为 3～5 次。网页标题应简短精练、高度概括，并且含有关键词，而不是只有一个网站名称。每个搜索引擎收录标题的长度不尽相同，过长的标题在搜索引擎收录过程中只会截取前一部分进行收录。

关键词的出现符合语义规范。标题中不可堆砌关键词，只有阅读通顺的标题才符合用户体验，错误的标题 SEO 方式会被搜索引擎认为是“为了得到排名而特意进行的标题写作方式”，这违反了搜索引擎的宗旨，从而降权影响网站排名。

四、文章内容的优化

网页的文章内容中需要多次出现关键词，但这并不是指要一味地堆砌关键词，而是指关键词要合理地出现，出现的关键词密度通常建议为 2%～8%。

关键词密度的计算方式是：网页完成后，全选网页计算全文总字数，然后计算网页中出现的关键词总字数（关键词出现次数×单个关键词字符长度），用关键词总字数除以网页全文总字数。

但是，大型站点通常包含成千上万甚至更多网页，我们不可能每次去计算每个网页的关键词密度，因此，SEO 工作人员在大多数网页优化时通常不会特意去计算，而是合理插入的即可，只针对首页等重要页面进行逐行优化，仔细计算和验证。

文章内容的优化主要集中在对文章的第一段和最后一段上，适当增加不同的关键词是对文章优化的关键操作。

模块二

在网站内进行搜索引擎优化

通过上一模块的学习，我们了解到网站的内容优化主要是网站标题的优化及网站内容的优化。事实上，这两部分内容都是基于网站关键词的选择之上的。我们将在本模块学习到一般关键词的扩展方法，以及在现有的网站中进行搜索引擎优化的具体操作步骤。

网站的搜索引擎优化分析

分析指南

本书中涉及的搜索引擎化主要侧重在网站内容的优化上面，其中包括网站的标题优化、关键词优化、文章内容优化等几个方面。我们可以通过网站的主题、栏目、产品、用途来确定网站的关键词，再通过关键词优化其他各项内容。一般来讲，它的优化步骤是固定的，如图 3-5 所示。

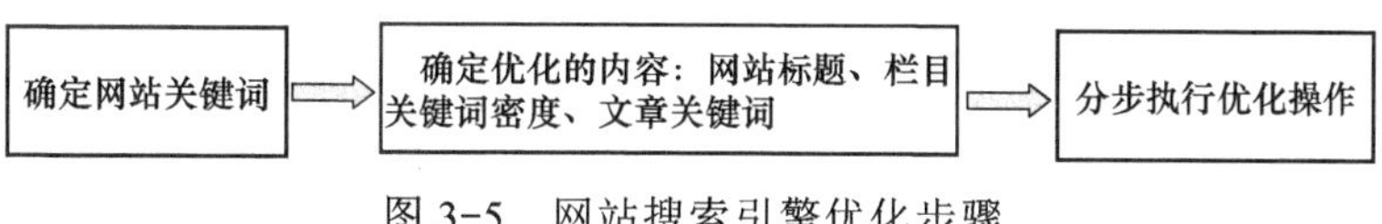

图 3-5　网站搜索引擎优化步骤

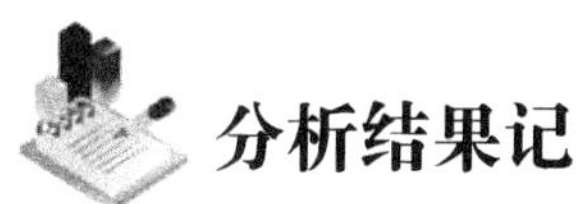

分析结果记录

任务： 完成网站优化记录表的填写。

目的： 通过执行优化操作了解搜索引擎的流程。

内容： 关键词的确定、标题的优化、文章的优化方式。

要求： 按表 3-1 的要求填入网站需要优化的内容。

参考： 可通过百度搜索自然排名的相关网站，借鉴其网站标题、网站内容、相关网站文章进行类比，再模仿进行标题、关键字、文章等各项的优化操作，通过操作学习其各项的优化方式。

表 3-1　网站优化记录表

序号	优化内容	确定关键词	优化后的结果
1	网站标题		
2	网站栏目		
3	文章 1		
4			
5			
6			

关键词扩展的方法

操作指南

步骤一：确定好网站的主要关键词，如“时尚女装”，在百度的搜索栏中输入，并单击“百度一下”按钮，搜索出百度的结果，如图 3-6 所示。

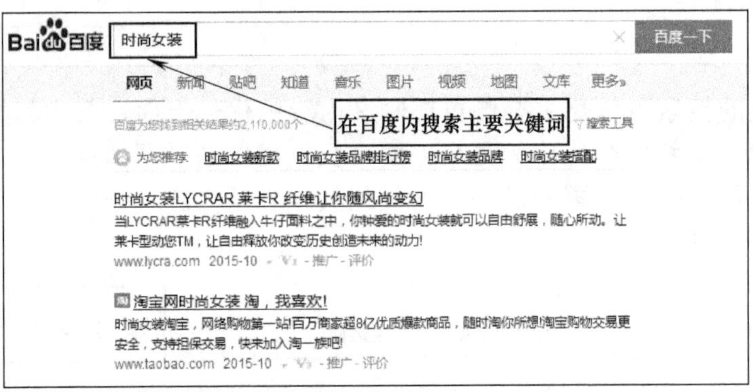

图 3-6　搜索主要关键词

步骤二：将页面翻到底部，查看百度底部的“相关搜索”部分，如图 3-7 所示。

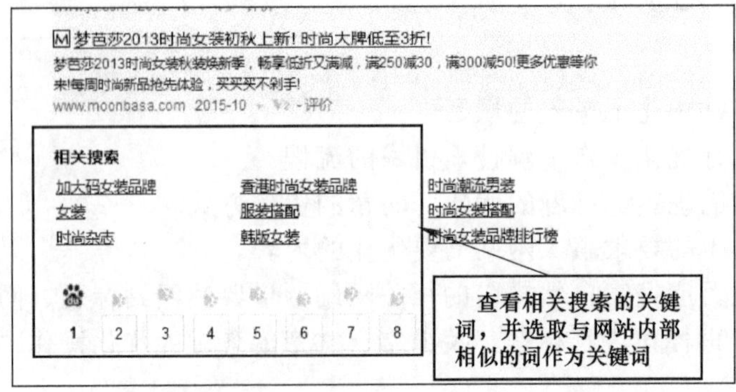

图 3-7　查看百度相关搜索词

步骤三：重复该步骤几次，就可以查找到所需要的大量关键词，按照网站的需要将其分类，填入关键词序列表中，见表 3-2。

表 3-2 关键词序列表

序列	核心关键词	扩展方式			
		核心+需求	核心+费用	核心+搜索习惯	核心+行业
1	时尚女装	35 岁时尚女装	便宜的时尚女装	时尚的女装	白领时尚女装
2	韩版女装	大码韩版女装	200 元以内的韩版女装	韩式女装	办公室韩版女装
3					
4					
5					
6					
7					

操作记录

关键词占据网站在搜索引擎优化中的重要地位，其中分为核心关键词与关键词序列。其中，核心关键词是网站设计中最重要的表现内容，选择合适的核心关键词就相当于网站的推广成功了一大步。核心关键词要与网站紧密相关，它告诉搜索引擎你做的什么，要为客户提供什么服务，能给客户解决什么问题。同时，通过核心关键词扩展的关键词序列也为网站的标题关键词、文章关键词做了整体的布局。

任务：完成扩展关键词序列。

目的：在通过搜索引擎的自动扩展方式下，联系自己对网站的理解，熟练掌握核心关键词的提取方法，并能扩展出关键词序列。

内容：填写关键词序列操作记录。

要求：在设计关键词序列表的基础上，单独完整操作一遍，同时完成表 3-3 的填写。

表 3-3 扩展关键词序列的记录表

项目	使用流程记载
核心关键词的选取方法	
提取网站的核心关键词	
通过搜索引擎扩展核心关键词	
扩展用户的不同习惯	
扩展多个不同类别的关键词	
完成关键词序列表的制作	
在序列表中挑选适合网站的关键词	

知识延展

一、关键词的分类

关键词从不同的角度来分，可以分为以下几种：

1）从概念上分包括目标关键词、长尾关键词、相关关键词。

2）从页面布局上分包括首页关键词、栏目页关键词、内容页关键词。

3）根据目的性分有直接性关键词、营销性关键词。

一个关键词可以同时拥有多重的身份，只有在理解关键词概念的同时，才能更好地进行网站深入优化。

二、关键词在搜索引擎的热度判断

关键词容不容易被搜索到，取决于多种因素，其中最主要的是以下几项：

1）搜索次数：可以通过百度指数观察到较为详细的数据，数值高，竞争程度可能也就相对高一些。

2）竞价推广数量：在某个关键词显示的搜索结果中查看竞价排名的数量，以判断该关键词的竞争程度。

3）竞价价格：通过百度的流量估算工具可以查看关键词大致的竞价费用，虽然不准确，但也是值得参考的。价格高的不一定竞争激烈，不过价格低的竞争一定不会太激烈。

4）竞争对手的数量：竞争对手的数量是衡量关键词竞争程序的重要标准。在网页标题中包含某个关键词的页面的数量，因为网站会在页面标题中出现这个关键词，一般来说是有优化的意图的。

三、网站选择核心关键词的方法

（1）分析自身产品、业务服务相关的词　通过内部头脑风暴，讨论定位自己公司产品与业务是什么，以及这些产品或业务是为哪些人服务的。然后，分析哪些词与这些有关系，以及用户搜索习惯是什么来定出基本的关键词。

（2）分析自身产品的竞争对手　做网站 SEO 一定要学会分析竞争对手，通过分析竞争对手的网站，找出对手的网站布局的关键词是什么，从排名靠前的词中选择一些关键词。

（3）使用百度搜索框或百度相关搜索　通过百度自身来选择一些热门关键词。

通过上面分析的三个步骤：相关性、竞争性、搜索量来定出最好的且最代表用户需求的关键词。

标题的优化操作

操作指南

步骤一：登录凡科建站，进入“后台管理界面”，如图 3-8 所示。

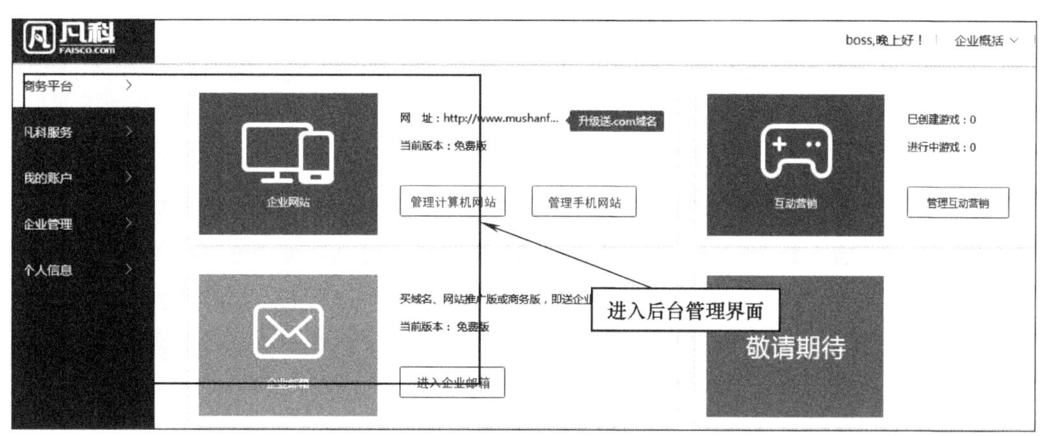

图 3-8 进入后台管理界面

步骤二：在网站的页面中，选择“网站设计”选项，如图 3-9 所示。

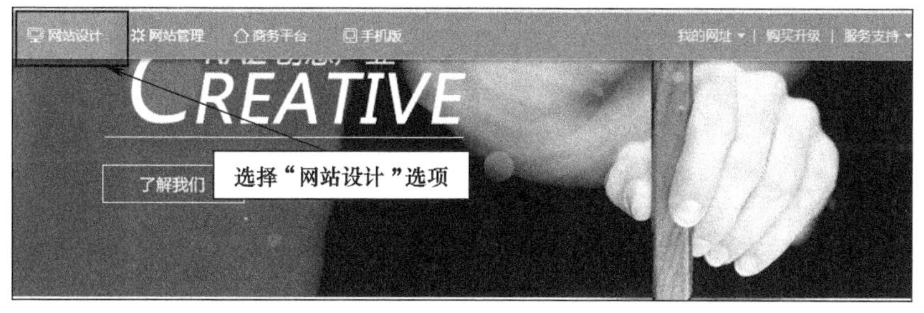

图 3-9 选择“网站设计”选项

步骤三：进入“网站设计”板块，单击“网站设置”，在基础设置中填写优化后的网站标题，并单击“保存”按钮，如图 3-10 所示。

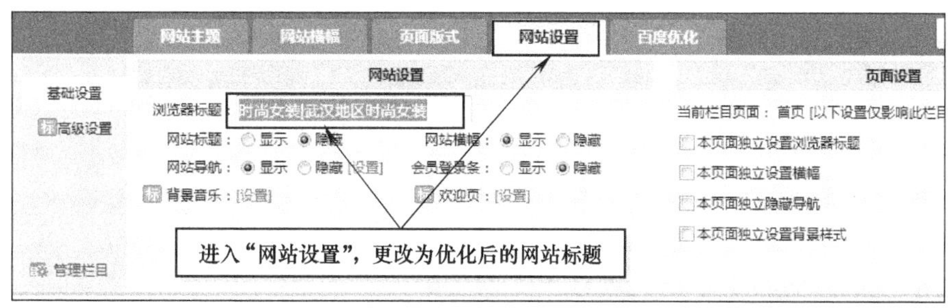

图 3-10 优化网站标题

步骤四：保存后查看页面标题栏，已经显示为优化后的网站标题，如图 3-11 所示。

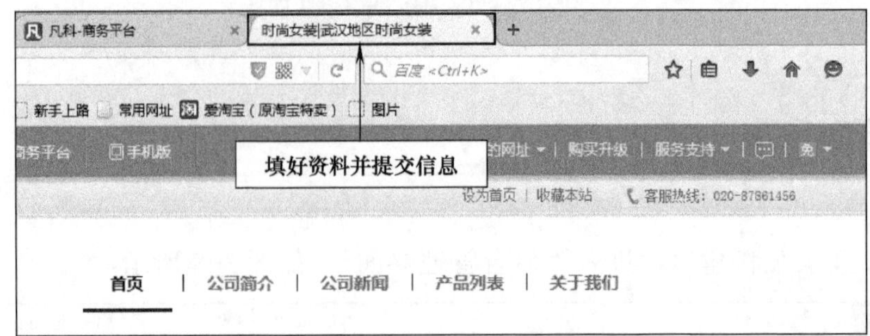

图 3-11　修改后的网站标题

操作记录

网页标题优化是网页优化重要的因素，页面标题相当于赋予一个网页一些内容，它告诉搜索引擎此页面是关于什么的。所以，任何一个网页标题的重要性都是最高的，在页面的搜索中，远远超过页面关键字和页面描述。

任务：对其他页面（栏目）进行标题的优化操作。

目的：在完成网站标题优化之后，完成其他页面的标题优化。这样的操作有助于理解网站的整个搜索引擎布局，甚至包括对后来的文章关键词的布局安排。

内容：填写网页标题优化记录表。

要求：在基于网页的内容了解之上，完成其余页面的网页标题优化，同时对网站内的标题优化进行操作，并完成表 3-4 的填写。

表 3-4　网页标题优化记录表

流程	使用情况记载
首页标题优化	
公司简介标题优化	
产品页标题优化	
新闻资讯标题优化	
关于我们页面标题优化	

知识延展

一、页面的标题优化的写法和注意事项

1. 网站标题简单明了，不要进行关键词堆砌

优化注意：许多 SEO 工作人员在工作时，为了提高相关性和密度，都习惯性地对网

站标题、内页标题或网站内容进行关键词堆砌，这是很不好的一个现象，因为百度搜索引擎越来越重视用户体验。

2. 网站标题里出现目标关键词

优化注意：如果网站目标关键词已经选好，建议把关键词写到网站标题里面，这样对关键词排名很好。关键词难度越大，越要放到前面。例如，目标关键词是“网站优化”，那么标题就应该为“网站优化——企业网站优化”。

3. 网站标题不要重复

优化注意：网站标题不要重复，站内和站外都一样，因为搜索引擎抓取页面的时候首先就是看标题，然后看内容，标题也是搜索引擎判定网站内容是否为原创的主要依据。如果与站内或站外的网站标题重复，那么页面可能被收录的概率不大。

4. 网站标题字数控制

优化注意：一般网站的标题控制在 30 个汉字（60 个字符）左右。如果汉字和字符再多的话，百度搜索结果里面显示的内容就会不完整，这也是对搜索引擎很不友好的。注意一点，标题权重分配是从左至右依次递减的。

5. 网站标题“四不过三，三不过四，二不过五”

优化注意：经常会碰到一些 SEO 新手不懂这句话的意思，“四不过三，三不过四，二不过五”指的是四个汉字的关键词在标题中不要出现超过三次，三个汉字的关键词在标题中不要出现超过四次，两个汉字的关键词在标题中不要出现超过五次。如果超过的话，有可能会被搜索引擎认为是关键词堆砌，从而导致关键词排名下降或网站降权。

6. 网站标题与网站内容相关

优化注意：书写网站标题的时候，注意标题中的关键词必须要和网站内容相符，不然的话，也有可能会被搜索引擎认为是作弊。

二、凡科建站内的百度优化

凡科建站的系统版本完全考虑到企业网站的功能和 SEO 优化推广方面。平台内置有推广版网站，支持百度收录。网站搭建完成之后想做优化推广的话，就需要进入“百度优化”选项。开通之后就比一般没有做过搜索引擎推广的网站占优势，如图 3-12 所示。

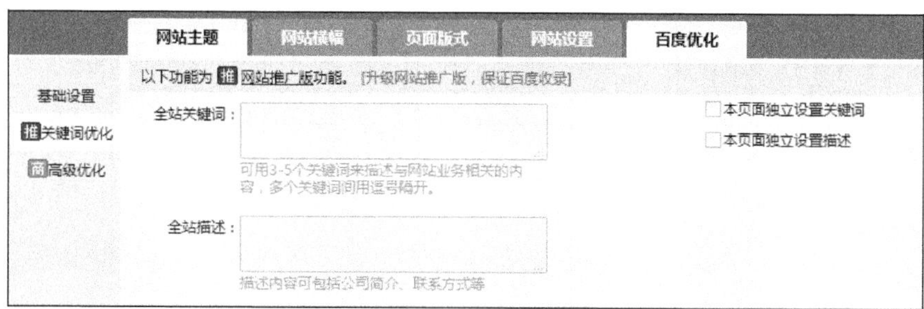

图 3-12　凡科建站提供的内置百度优化功能

凡科的百度优化功能，主要是网站的关键词优化，其中包括两部分：全站关键词、全站描述。

网站关键词代表了网站的市场定位，表明网站与什么搜索词有关。对于新建的网站，关键词，“从地域+公司名称”和“地域+网站业务”这两方面入手，会更有利于快速提升排名。设置的具体步骤为：

1）选定了关键词后，登录网站的管理后台，在“网站设计”→“百度优化”中，设置企业网站的网站关键词和网站描述。

2）单击“关键词优化”，在“全站关键词”框内输入网站关键词。网站关键词之间可以用空格或“，”隔开，关键词数量不宜过多，过多的关键词反而容易分散搜索效果。

3）设置完网站关键词，再设置网站描述。网站描述会在搜索结果中展示，内容可以是公司简介、业务介绍等，尽量包含有网站的关键词，生动的网站描述可以吸引更多有兴趣的人点击。

4）填写完毕后单击“保存”，即可完成设置网站关键词和网站描述的操作。

项目评价

根据实际操作情况填写搜索引擎营销操作综合评价表，见表 3-5。

表 3-5　搜索引擎营销操作综合评价表

评价项目	分值/分	自我评价	小组评价	教师评价	标准
能判断网站的核心关键词	10				熟练掌握：85～100 分 基本掌握：75～84 分 部分掌握：60～74 分 没有掌握：60 分以下
能通过核心关键字扩展网站标题	10				
能完成网站关键词序列表的制作	10				
能完成网页标题的优化	10				
能通过凡科建站完成网站标题优化操作	10				
能通过搜索引擎扩展关键词	10				
能通过关键词的不同属性进行文章安排	10				
能完成网页文章内容的关键词优化操作	10				
能了解百度优化中全站关键词与描述的用处	10				
能根据网页的内容提取关键词进行密度优化	10				
合计	100				

课后练习

一、判断题（正确的打“√”，错误的打“×”）

1．搜索引擎一般通过三个方面来评估网站：网站最受欢迎度、网站质量、网站相关度。（　　）

2．SEO优化的优点是价格低廉、排名稳定、效果广泛。（　　）

3．从利于搜索引擎优化（SEO）的角度来说，网页设计中采用框架结构不会影响网页的优化效果。（　　）

4．新站登录搜索引擎最佳的时间是网站刚刚做完后。（　　）

5．外链是一种锦上添花的推广手段，一个网站必须做好自身内容才能得到长远发展。（　　）

二、单项选择题

1．如果你的网站是关于手机的，下面（　　）是最好的网页标题。

A．手机，买手机，手机报价，手机新闻，手机游戏，手机软件

B．本站提供各种价格的便宜手机供你选择

C．手机|手机之家

D．主页|shouji.com

2．你应该在meta标签里放什么？（　　）

A．在meta标签的keywords中放满关键字列表，把重要的关键字放在meta标签的description中

B．忽略meta标签，搜索引擎不用这些

C．在meta标签的description中写上你网站的简短描述，在meta标签的keywords放上最重要的关键字

D．在meta标签的keywords放上最重要的关键字，忽略meta标签的description

3．以下（　　）不是网站外部链接添加方式。

A．论坛发帖　　B．自身网站文章链接

C．黄页发布　　D．博客发帖

4．搜索引擎营销主要分为（　　）。

A．搜索引擎优化（SEO）和付费点击（PPC，Pay Per Click）

B．搜索引擎优化（SEO）和竞价排名

C．搜索引擎优化（SEO）和关键词广告

D．搜索引擎优化（SEO）、竞价排名、关键词广告、付费点击（PPC，Pay Per Click）

5．关于网站内容说法错误的是（　　）。

A．内容被转载得越多，证明这个网站越有价值

B．内容要与网站主题相协调，切忌挂羊头卖狗肉

C．内容越多越好，尽量多发布内容

D．内容需要定期更新

三、问答题

1．什么是搜索引擎优化？

2．凡科建站内的百度优化作用是什么？

3．网站的关键词应该分布在哪些地方？

4．请回答页面的标题优化的写法和注意事项是什么。

5．如何选择网站核心关键词？一般步骤是什么？

项目四

博客营销

项目概述

博客营销以博客应用为基础，通过博客发布、更新个人或企业的相关概况和信息，密切关注平台上客户对于企业或个人的相关疑问和咨询，并及时回复，从而达到零成本宣传企业及产品的目的。

把博客和市场营销结合起来就是博客营销。其本质在于通过原创的专业化内容进行知识分享，争夺话语权，建立信任权威，形成个人品牌，进而影响读者的思维和购买。它的营销目标精确、成本较低，又具有交互性，用户可以通过博客平台与企业进行互动交流，并能得到即时的问题反馈，可针对目标客户进行精准的营销。可以说，博客作为信息发布和传递的工具，能够更快、更便捷地发布最新动态、产品信息等。对比企业网站，博客文章的内容题材和发布方式更为灵活，因而更容易受到用户的欢迎。相比较门户网站及供应信息平台，它具有更高的自主性、灵活性，附带的信息量更大，可信度更高，也更容易被搜索引擎收录和检索，能够长期被用户发现并阅读。

项目导入

随着企业博客化的大潮风起云涌，世界一些著名的国际化公司，如微软、惠普、宝洁、IBM 等，早已预先洞察到网络经济时代中博客所具有的巨大优势。他们预计博客营销对市场可能造成的颠覆性力量，从而率先开展博客营销。事实证明，这些国际化公司已领先群伦，赢得优势。博客营销时代已经来临。

毋庸置疑，博客营销的力量是巨大的，它不仅提升了企业的营销优势，而且还能满足消费者的个性化需求，从而可以为顾客定制其想要的产品和时尚元素，大大提升了顾客的忠诚度，从而赢得未来的竞争优势。

在本项目中，我们将学习到如何建立优质的博客内容，以及如何开展博客营销。

模块一

理论知识：博客营销方法概述

博客最初称 Weblog（缩写为 blog），是由 Web 和 Log 两个单词组成的，按字面意思就是网络日记，也被音译为“博客”或“部落格”等。博客可以将网络上的网友集结成个人博客，成为另一个具有影响力的自由媒体。随着各大主流网站纷纷推出博客服务，各大企业也纷纷推出了自己的博客，许多的案例都表明，企业博客是与用户沟通，收集信息反馈意见的好方式之一。

一、博客营销基础

博客营销是企业运用博客的影响力，对自己产品、品牌或服务等相关内容进行推广，以此来提升企业在网络上的知名度，通过发表博文等手段来达到营销和推广目的的。

博客营销根据不同的使用主体分为个人博客营销与企业博客营销。

（1）个人博客营销　个人博客是利用博客作者个人的知识、兴趣和生活体验等传播商品信息的营销活动。

（2）企业博客营销　企业博客营销是指利用博客促进企业目标的一种手段。企业博客的目标并不是马上赚钱。它是一个沟通和市场营销渠道，并且是双向的。相对于新闻稿，企业博客显得更加人性化。企业博客营销不但能大大降低营销成本，加强与用户的沟通，从而培养忠诚用户，还能提高企业的信任度，建立良好的口碑。随着博客用户不断增加，博客营销的价值日益显现，越来越多的中小企业也将博客营销列入企业的营销计划。

总的来说，无论是个人博客还是企业博客，博客都是营销的一种手段，它的营销主要侧重于设计话题，营造对话环境，吸引受众点击，激发受众阅读后并主动传播，从而达到营销效果。

二、博客营销中的内容策略

建立了博客之后，必须制订一个中长期博客营销计划。由于博客营销计划并不是一个严格的营销文章发布表，而是从较长时间来评价博客营销工作的参考，所以，精心的内容编辑就显得更为重要。内容的营销策略使得博客成为一个优秀的信息平台之后，就会吸引同行或顾客来访问，并不断扩大影响力，从而达到营销传播的效果。从内容的营销角度上来讲，短期的博客营销计划并不能够起到推广作用，而需要持之以恒的进行博客维护和内容扩张，在网上的记录多了，被用户发现的概率也就更大。因此，博客营销主要侧重于内容的优化和品牌的建立。博客的内容选题范围如下：

1）围绕产品（服务）提供专业、知识类信息与指导。这种题材的写作难度不高，营销重点在于向大众提供专业的、有价值的信息与指导。

2）曝光与产品、服务相关的幕后故事。通过展示终端产品与服务看不到的东西，来塑造受众的感性认知，曝光的故事素材可从公司内部挖掘。

3）发布产品、服务、网站的新动态，包括新品上市、促销打折、网站新功能等，目的是及时让受众得到所需要的信息。需要注意的是，发布内容要区别于官方网站，博客的新动态发布可以更加灵活，配合多渠道（如微博、SNS）发布信息效果更好。

4）展示企业文化。潜移默化地影响消费者，最直接的效应是吸引优秀人才，营销重点在于展示员工工作与生活、团队和谐与合作、员工培训与关怀、良好办公环境等。这里要注意的是展现的内容要趋利避害，展示积极、正能量的方面。

5）展示品牌精神、内涵、价值取向。这是博客内容营销中最难驾驭的部分，主要目的是尝试进行深度营销、影响高端受众。

6）开展互动营销活动。营销重点是获取用户关注，扮演配合其他渠道发布信息的角色。

7）官方博客是发布公司观点、立场的最佳渠道之一，它的回应力及影响力要大于微博。应对技巧方面，在态度上要不卑不亢，针对核心问题一一正面回应，文章发布前要将内容先沟通好。

三、博客营销的推广方式

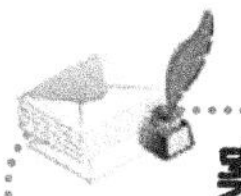

案例引入

合兴源农业公司的博客营销之路

合兴源农业公司是一家县级农业公司，主要经营高端农副产品品牌“大幕山”。由于农产品溢价较低，而传统媒体宣传成本过高，于是合兴源农业公司想通过博客营销方式解决品牌的知名度。公司首先确定了高端农副产品的喜好人群：经济条件较好、文化层次高的中年家庭主妇。通过分析该群体的行为习惯，拟订了长期的博客品牌建立营销策略。合兴源农业公司原创了一系列的围绕着高端农副产品的安全、健康、绿色的话题，每日定期更新两篇原创且质量好的博文，在短短的两个月内，“粉丝”积累了上万人，通过会员众筹制，成功地打造了高端农副产品的品牌。博客如图 4-1 所示。

图 4-1 博客截图

思考分析

合兴源农业公司的博客营销推广是如何进行的？

参考结论

合兴源农业公司通过博客建立了企业品牌形象，培养了一批忠实的潜在客户。因为营销类博客最有利的一面，就是通过培养读者群体，对其思维和行为增加影响，再通过现有的关注人群及博客知名度去扩展更多的访客关注博客，从而可以潜移默化为潜在客户。

博客的网络推广和企业独立网站的推广还是有些不同的，因为博客立足一个平台，有平台流量支撑，并且平台提供了很多工具和便利。

1）博客需要做 SEO，前面所讲述的关键字规划就在此发挥作用，另外将所注册的博客进行交叉链接，也有助于获得更好的排名。很多博客的SEO做得好，甚至比网站排名更靠前。

2）博客文章首页推荐，是博客获取流量成本最低、效果最好的方式，精心撰写一些有价值的文章，给博客平台的编辑发送邮件阐述推荐理由，一般都能获得推荐，从而使博客获取巨大流量。例如，菜根谭企博网的博客，因为文章经常被推荐至网站首页，所以短短几个月时间就有近 5 万的页面浏览量。

3）和其他博客相互留言、加其他博客主为好友、互相加关注、和其他博客友情链接和文章互相推荐，这都能带来大量的目标关联流量，这是博客推广和网站推广的又一个显著差别。其中，加关注和文章互推的方式效果最好。

4）加入博客圈。这种方式简单，而且非常有效，甚至可以自己组建博客圈。

5）好友的站内信群发、平台内的论坛、博客和微博的整合同步等方式。

6）平台外推广费力且效果不明显，如果没有特殊原因，不推荐此方式。但是一些订阅平台可以进行推广，因为都是一次性工作，永久推广，并且还是一个外部链接，能提升博客的排名。

至于，给平台付费来推广博客，这需要根据策略来决定是否投入，如果绝对投资回报高，那么投广告也未尝不可。

四、博客营销的流程

博客营销的流程一般分为以下几步：

（一）博客营销定位

同网站营销类似，博客营销也需要根据浏览者的不同进行定位。

博客营销重要的几个定位：

1）给谁写：就是你的博客内容是给哪些目标用户看的。

2）写什么：就是你博客的内容决定了访问者能在你这里了解到什么。

3）谁来写：就是博客内容由谁来具体填充。

（二）博客的优化

1. 博客的内部优化

博客的内部优化是对博客基本情况的设置，其中包括博客的命名、行业设置、关键词确定、个性域名、装修等基础信息的优化，如图 4-2 所示。

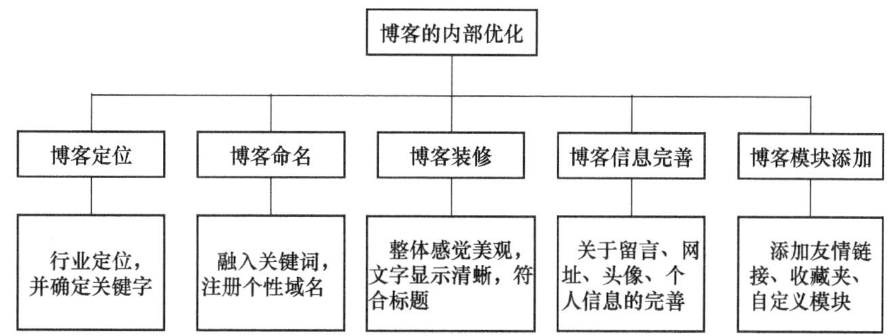

图 4-2 博客的内部优化内容

2. 博客的营销优化

博客的营销优化侧重于博客的运营。要充分发挥互联网的优势，建立博客群，同时真诚地与其他博客进行互动交流和沟通。同时做到博客发布内容的优化，融入关键词，有效使用多媒体资源，对博客的可读性与分享性做进一步的优化，如图 4-3 所示。

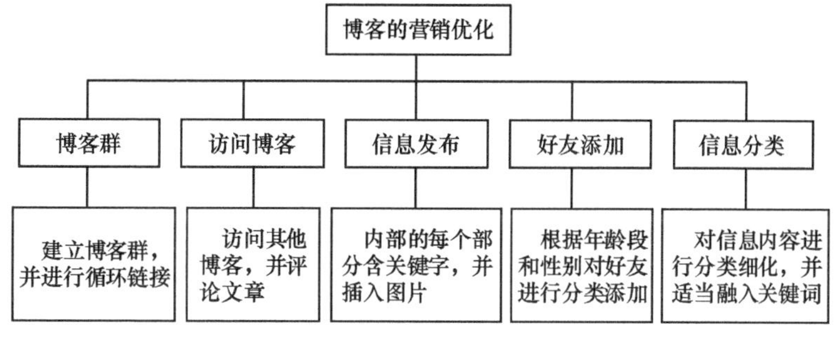

图 4-3 博客的营销优化内容

3. 博客的数据分析

博客访问量多少、博客好友增加多少、博客被关注多少、博客文章访问量如何、博客留言和评论率高不高、博客有没有留言咨询、有没有电话咨询、博客的百度排名如何、博客文章被推荐篇数多少等，这都需要进行数据分析。只有进行了数据统计和分析，才能判断开展博客营销的资源投入和回报情况如何，策略是否正确，是否需要改进和调整。我们可将数据分析目标分为执行目标和监控目标。

（1）执行目标　具体包括：

1）更新频率：没有普遍标准，但低于每月一次效果不是很好。

2）回复与互动：要定时查看并回复，并且访问他人博客，进行互动。

3）统计与分析：设定统计周期，主要通过网站前台数据与后台统计。

（2）监控目标　监控目标包括访问量、阅读量、评论数、转载数、用户来源分析等。

博客营销看似落伍，其实具有强大威力，并且适合大部分行业和企业。做好博客营销首先要从策略分析和确定目标模式入手，然后匹配策略的强执行力，这样一定就能取得“小博客，大推广”的效果。

模块二

博客营销优化

通过上一模块的学习，我们了解到博客营销是基于受众群体的了解及行为分析，在此基础上对整个博客进行长期的内容发布及内容优化。如何来分析博客的营销效果呢？我们将在本模块中学习到博客的基础设置优化及效果测评。

博客营销流程分析

分析指南

我们在上一模板学习了关于博客营销的流程，了解博客营销是一种基于包括思想、体验等表现形式的知识资源。企业或个人利用博客这种网络交互性平台，发布并更新企业、公司或个人的相关概况及信息，并且密切关注和及时回复平台上客户对于企业或个人的相关疑问与咨询，并通过较强的博客平台帮助企业或公司零成本获得搜索引擎的较前排位，以达到宣传目的。那么，我们在设计博客营销的流程时，主要考虑博客的受众群体及该群体的偏好浏览内容。博客的营销策划步骤如图 4-4 所示。

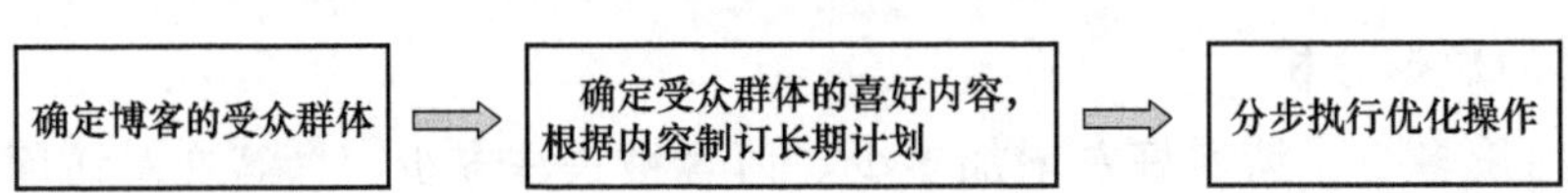

图 4-4　博客营销策划步骤

分析结果记录

任务：完成博客营销策划记录表的填写。

目的：通过博客营销活动的策划，了解博客营销的活动策划流程。

内容：根据博客受众群体的定位、喜好、行为等因素，确定博客发布的基本内容。

要求：按表 4-1 的要求学习博客营销的流程。

参考：可通过查看平台类目中排名较前的博客，查看其博客的主要内容倾向与“粉丝”的大致情况，在模仿基础之上进行学习。根据自己的博客目标受众人群，分析出他们的行为及习惯，以此确定内容与关键词组。一般来讲，在进行博客营销前都需要制订出一个博客营销的长期计划作为执行的依据。

表 4-1　博客营销策划记录表

序号	流程	内容
1	确定博客的目标人群	
2	按目标人群的行为和特征分类	
3	分析目标人群对内容的需求倾向	
4	定好博客发布的基本内容方向	
5	按照基本内容对博客进行基本信息的思考	
6	策划一个博客营销的长期计划表	

博客的基础设置优化

操作指南

步骤一：通过百度搜索“新浪博客”，用申请好的用户名和密码进入博客界面，并单击“个人中心”选项，如图 4-5 所示。

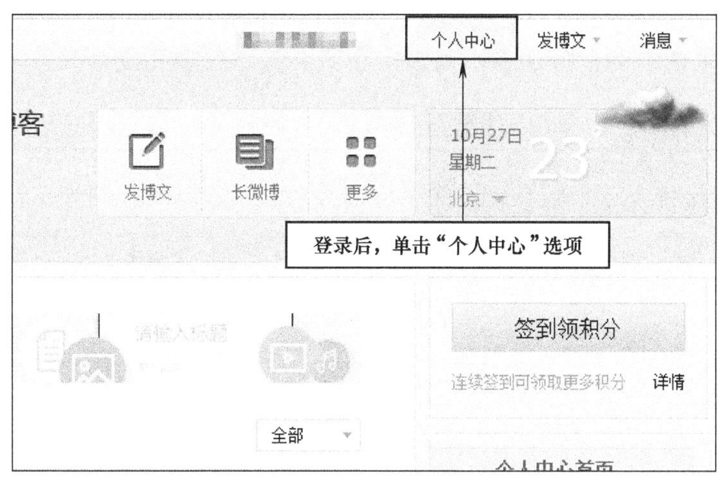

图 4-5　登录“个人中心”

步骤二：在页面右侧的菜单栏中单击“设置”选项中的“账户/博客设置”选项，如图 4-6 所示。

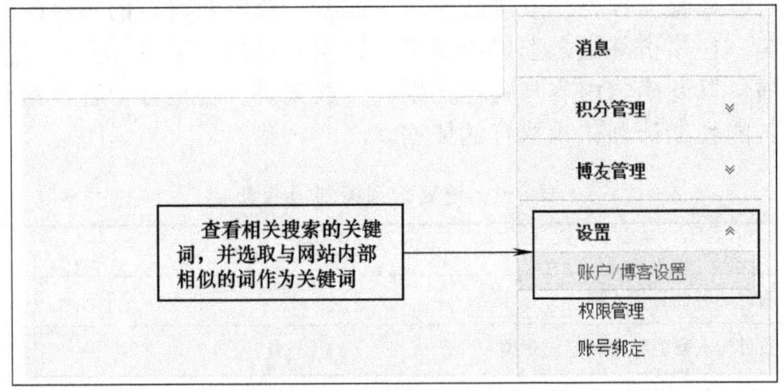

图 4-6 设置博客基本信息

步骤三：单击“博客地址”选项卡，在博客地址内填入可以直接访问的地址项，如图 4-7 所示。

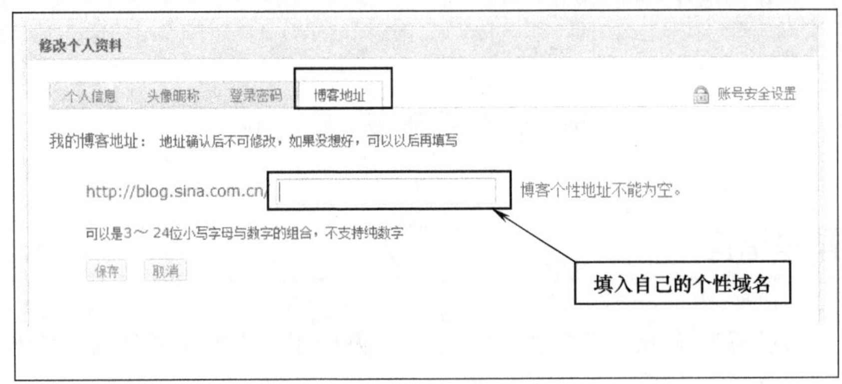

图 4-7 设置博客的个性域名

步骤四：设置博客的定位和核心内容，按照分类填入表 4-2 中。

表 4-2 博客营销计划表

博客目标人群：				
本期主题：				
序列	核心关键词	营销计划		
		发布时间	目的	主要内容
1				
2				
3				
4				
5				
6				
7				

操作记录

博客作为一个网络营销平台，内容应该是连续的或相关的。同时，内容中的关键词也要进行一定量的优化，在博文的第一段和最后一段将关键词密度增大一些，适当添加 3～5 个关联度较高的关键词，对于优化博客的内容也非常有利。同时，博文的质量一定要高，一定要和关键词有关联性。通过不断地对博客内容进行维护和对目标人群进行分析，就达到了推广的目的，同时对博客的执行计划要有记录，根据记录再来细微调整计划，以达到更好的效果。

任务： 博客营销计划执行的操作。

目的： 对博客营销熟练程度的掌握，以及有计划地进行博客的营销推广。

内容： 填写博客营销计划执行表。

要求： 按照博客推广计划，设计博文内容，并按照计划单独完整地进行博文操作，同时完成表 4-3 的填写。

表 4-3　博客营销计划执行表

项目	使用流程记载
博客的基础设置优化方式	
博客的内容营销计划确定	
博客目标人群的分析	
目标人群的喜好和阅读倾向	
根据调查分析确定核心关键词	
以核心关键词发布优质博文内容	
执行博客的营销计划	

知识延展

一、新浪博客前期准备工作

1）要明确博客中的核心关键词有哪些，定位好关键词。确定目标是第一位的。

2）有了核心关键词之后就开始挖掘一些辅助关键词，以及调查这个行业用户的需求都是哪些，前期我们需要把这些数据都整理好，然后才能更好地完善下一步工作。

3）了解过这些数据之后，需要准备一些题材。为了方便后期的更新工作，如果每天都能有高质量的原创博客是最好的，如果没有，则需要把一些行业相关题材都准备好留以备用。

4）要注意的是，博客账号越久越好，这关乎关键词是否有排名的关键步骤。如果用新账号来做，效果可能不好。可以考虑购买一些老的博客账号，也就是有等级的账号。

二、博客的图像和标题、栏目如何定义

1）博客标题其实就相当于我们网站的标题标签，这个标题在新浪博客里面就是名字，要注意博客的名字和描述相符合，能够让用户懂我们的博客做什么内容。

2）博客的头像关乎用户判断这个博客是不是小号、值不值得信任。因此，认真选择或制作一幅专属的头像，要让用户看到这个博客不是小号，更不是垃圾博客，做好博客给用户带来的第一印象。

3）我们需要对博客的文章信息进行分类，要让用户能够更方便地找到他所需要的资料。博客的分类也就相当于网站导航栏目，我们可以根据用户的需求来做这个栏目分类。

三、博客前期的写作需要注意哪些事项

1）新浪博客在前期发布文章信息的时候一定要注意不能加锚文本，文章一定要保持干净，不然很容易被删除，严重的话很可能导致博客被封。文章保持干净肯定会让我们的博客权重更高，用户体验更好，如果添加大量链接，用户会反感，也会导致博客权重降低。

2）博客不要求天天都更新，但是最好有更新的规律，如定好每个星期什么时间是博客更新的时候，这样就有了一定的更新规律。如果一天更新大量的内容，然后又隔了好久没有更新，这样会导致搜索引擎误认为是采集的垃圾内容，对博客关键词排名会很不利。

3）博客内容可以选择去整合的内容，不一定要原创文章，但是一定要是用户需求的。

四、提交博客收录和外部推广应该这样做

1）博客都设置好之后，如果百度没有收录，则需要主动推广。建议在百度上提交收录。提交之后不一定很快就能被收录，运气好的话，快则几个小时，慢则几天甚至几十天都有可能。

2）为了能让我们的博客尽快被收录，我们就要去推广引导搜索引擎过来快速收录我们的博客，可以去大型的站点发一些外链，留下我们博客的网址。例如，58 同城、赶集网、百姓网，或者是一些地方的论坛等都可以引导搜索引擎过来抓取我们的博客页面。

博客数据分析

操作指南

步骤一：在登录的博客上，选择右上角的“个人中心”选项，如图 4-8 所示。

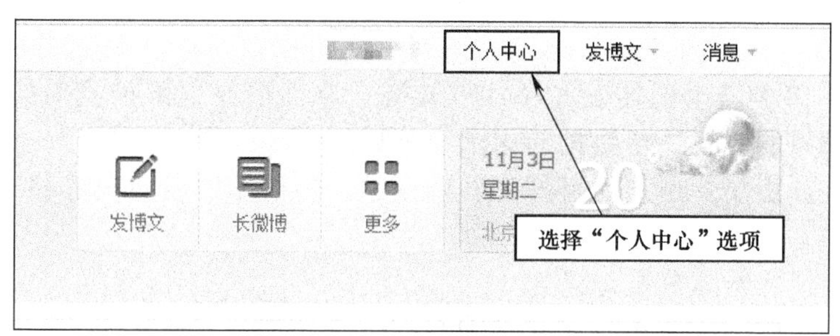

图 4-8 进入“个人中心”

步骤二：在右侧的菜单栏面板上，单击“访问统计”，如图 4-9 所示。

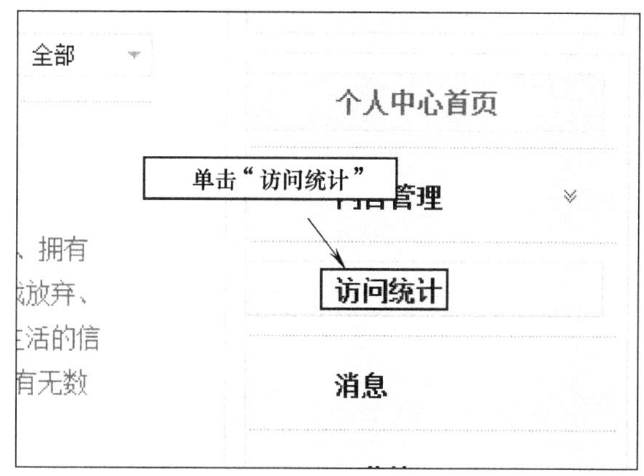

图 4-9 进入“访问统计”

步骤三：在该统计中能够查看到博客近 30 天的访问量，如图 4-10 所示。

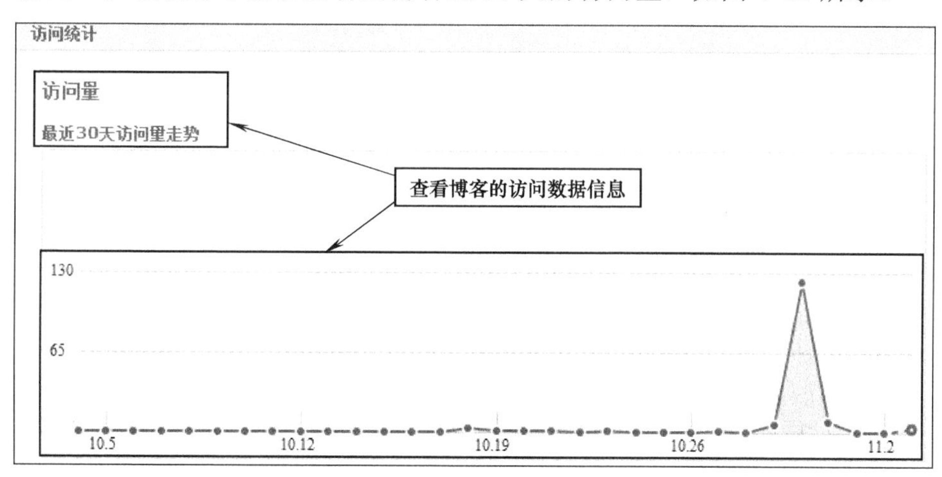

图 4-10 访问数据查询

操作记录

博客的数据表明了博客的作用及传播速度。对运营博客而言，分析博客的内容是否受到欢迎是极为重要的。基于准确的博客分析数据，可以让我们更快速地了解用户更喜欢看什么，哪类博客的转发和关注度较高，从而更好地维护我们的博客。

任务：对发布的博客进行数据的记录与分析。

目的：通过分析了解用户的喜好度，确定下一步的博客发布内容和对现有博客的内容是否进行调整。

内容：填写博客数据分析记录表。

要求：基于博客数据分析，完成博客的目标人群定位，再次优化博客营销的内容，并完成表 4-4 的填写。

表 4-4　博客数据分析记录表

流程	使用情况记载
博客的关注与访问数据分析	
博客的转发与评论分析	
博客数据表明的人群特点	
人群的喜好偏向	
计划是否调整先有博客内容	

知识延展

博客访问数据的相关指数说明

（1）访问数　访问数是指博客的总访问次数。一个用户可以有多次访问。从起伏的访问数曲线中可以非常直观地看到每天的访问数，更重要的是分析曲线的影响因素。曲线变化的规律：周六和周日是访问的低谷，更新文章后访问数会明显上升。评论量也是评价博客内容的重要标准，频繁互动可以增加读者黏度，方法是将博客中对博文的评论引入原博客中。

（2）浏览量　浏览量是指读者访问每篇和每页的次数。从调查的资料来看，资料性博文最受欢迎，读者更喜欢没有门槛和通俗易懂的文章。

（3）每次访问页数　每次用户访问网站时会浏览网页的数量，这项数据对博客意义不大。老读者访问首页，浏览最新博文即可离开，新读者才会翻阅旧文章。

（4）跳出率　用户着陆页面和离开页面相同的比例称为跳出率。对结构复杂的博客而言，用户没有发生点击行为和页面跳转表示用户对博客不感兴趣，不契合用户需求。

（5）网站停留时间　网站停留时间是指读者浏览博客的总时间，可以用来判断网站是否受读者喜欢。停留时间越长，表示内容越具有吸引力。

数据分析旨在理解用户和帮助实现博客的营销目标，可以发现用户行为规律，如用户喜欢什么样的内容和喜欢在什么时间阅读文章，从而更有针对性地维护博客。

项目评价

根据实际操作情况填写博客营销操作综合评价表，见表 4-5。

表 4-5　博客营销操作综合评价表

评价项目	分值/分	自我评价	小组评价	教师评价	标准
能掌握博客的基本内容设置方法	10				熟练掌握：85～100 分 基本掌握：75～84 分 部分掌握：60～74 分 没有掌握：60 分以下
能进行博客的定位	10				
能进行博客定位人群的分析	10				
能进行博客页面的设置	10				
能进行博客的核心关键词确定	10				
能完成博客的内容确定	10				
能设计博客的营销计划表并执行计划	10				
能进行文章的原创或伪原创发布	10				
能完成对数的分析	10				
能根据数据分析修改已有的博客内容	10				
合计	100				

课后练习

一、**判断题**（正确的打“√”，错误的打“×”）

1. 博客营销的互动传播性强，细分程度高，定向程度准确。（　　）

2. 与论坛营销的信息发布方式相比，博客文章显得更正式、可信度更高。（　　）

3. 博客内容增加了搜索引擎可见性，从而为网站带来访问量。Google、Yahoo 等搜索引擎都有强大的博客内容检索功能，因此企业可以利用博客来增加被搜索引擎收录的网页数量。（　　）

4. 博客与搜索引擎可以无缝对接，营销整体效果更好。（　　）

5. 博客营销有利于长远利益和培育忠实用户。（　　）

二、**多项选择题**

1. 博客营销有（　　）优点。

A. 以更低的成本宣传企业信息　　B. 增加搜索引擎的可见性

C. 有利于市场的分析研究　　D. 节省用户的费用

2. 博客推广与企业网站推广相比，优势在于（　　）。

A. 博客更容易有平台流量支撑

B．博客具有文章首页推荐

C．博客有博客圈，更容易吸引关联流量

D．容易学习，只需要专业文章

3．博客营销的目的在于（　　）。

A．直接销售产品　　B．建立品牌信息概念

C．发布公司新闻　　D．建立影响力

4．写博客之前需要注意（　　）。

A．使用关联性强的域名　　B．多了解并分析博客的读者属性

C．想多种不同的广告形式　　D．思考读者喜欢的阅读类型

5．以下关于博客营销论点准确的是（　　）。

A．博客营销一开始就要做到定位准确，乐于给予，善于分享

B．有的人使用另类的方法进行博客营销，如色情、隐私、漫骂等，这样看的人也多，营销效果也不错

C．使用名人博客进行推广是一种较好的途径

D．为了便于读者通过分类看文章，建议使用博客导航

三、问答题

1．做博客营销需要注意哪些推广工作？

2．博客营销与论坛营销有什么区别？

3．请简述博客营销给企业带来的机遇。

4．如何理解博客营销可以降低网站的推广费用？

5．请简述博客营销的特点。

项目五

微博营销

项目概述

微博是一个信息发布平台，也是一个信息收集平台。微博营销就是利用微博工具推广自己的新产品或服务，使用微博跟踪和整合品牌的传播活动。微博的出现丰富了网络营销的手段，它的使用简单，用户扩展更加迅速，传播速度更快，关注的人更多，时效性更强。

微博营销是通过微博进行销售的一种方式，由于微博的使用者更年轻化，所以微博营销本身更加具有用户黏性，比较符合年轻一代的信息关注习惯，具有很强的跨平台性，营销效果也在移动时代大放光彩。

项目导入

中国互联网伴随着用户碎片化时间的增多，已经全面进入微博时代。新浪、腾讯、网易、搜狐的注册用户总数已经突破 6 亿人。每天登录数超过了 4000 万人。微博具有的高速和广泛性，使得微博在面世之初，就受到了广大互联网用户的喜爱。同时，作为一种基于人际交流的高效信息对接平台，它的受众面广，营销成本低，短短的几年时间里，几乎给媒体带来了革命性的变化。如今的我们，特别是通过互联网获取和传递信息的我们，再也无法忽视如微博这样的社交媒体的存在，它俨然成为我们生活的一部分。

微博营销早已成为一种趋势，在本项目中，我们将学习微博营销的基本知识、微博营销的策划和微博营销的基本过程。

模块一

理论知识：微博营销概述

微博营销注重价值的传递、内容的互动、系统的布局、准确的定位，微博的火热发展也使得其营销效果尤为显著。微博营销涉及的范围包括认证、有效“粉丝”、朋友、话题、名博、开放平台、整体运营等。

一、微博营销的基础知识

微博营销是指通过微博平台为商家、个人等创造价值而执行的一种营销方式，也是指商家或个人通过微博平台发现并满足用户的各类需求的商业行为方式。微博营销以微博作为营销平台，每一个听众（“粉丝”）都是潜在的营销对象。微博根据使用目的的不同，分为个人微博营销与企业微博营销。

（1）个人微博营销　很多个人的微博营销是由个人本身的知名度来得到别人的关注和了解的，如明星、成功商人或社会中比较成功的人士，他们运用微博来让自己的“粉丝”更进一步地去了解自己和喜欢自己，微博在他们手中也就是平时抒发感情的平台，功利性并不很明显，他们的宣传工作一般是由“粉丝”们跟踪转帖来达到营销效果的。

（2）企业微博营销　企业利用更新自己的微博向网友传播企业信息、产品信息，树立良好的企业形象和产品形象。每天更新内容就可以跟大家交流互动，或者发布大家感兴趣的话题，这样来达到营销的目的。

二、微博营销的方法与技巧

很多企业或个人运用微博营销，一般是通过增加知名度达到销售的目的。但往往此种目的较难实现，因为知名度有限，短短的微博不能使消费者很直观地理解商品，而且微博更新速度快、信息量大，因此，企业在使用微博营销时应当建立起自己固定的消费群体，与“粉丝”多交流、多互动，多做宣传工作。常见的微博营销方法如下：

1．善用大众热门话题

我们在更新自己的微博前，先要去搜索一下别人感兴趣的热门话题是什么，然后将它策划进我们的营销内容，这样可以增加被用户搜索到的概率，从而达到营销的目的。我们一般在发广播的时候，在热门关键词前后加井号，如#山源农业#。

2．有规律地进行更新

不要注册好了一个微博，却放在那儿当摆设，不去更新它，或者一天发个一百条广播，这样都是没必要的。我们平均每天发 20 条广播就行了，但是内容一定是要有看头的。

3．微博优化选取热门关键词

进行微博关键词优化的时候，我们要尽可能地以关键字或关键词组来开头，尽量利用热门的关键词和容易被搜索引擎搜索到的词条，增加搜索引擎的抓取速率，但这些内容也要和你推广的内容相关，又或者说，你也要考虑到你的受众，如果一味地为了优化而优化，那就得不偿失了。

4．让内容有连载

让内容有“连载”，如每天推荐一个好作品或热门资讯，每周发布一次活动结果，连载会让“粉丝”的活跃度提高。

5．规划好发帖时间

微博有几个高峰，上班、午休、16:00 后、20:00 左右，要在这些高峰时间发帖，才可能产生高阅读率和高转发率。

三、微博营销的营销策略

案例引入

美好生活@中粮，链上美好生活

微博是博主自己“秀”自己的地方，每一个微博的博主都希望能够像英雄一样获得勋章。博主如果能够连续 10 天以上地坚持发布原创博文，或者能够消灭零评论微博 10 次以上，就可以获得“微博控”和“最爱沙发”勋章。

在很多微博达人的勋章簿上，除了“微博控”和“最爱沙发"勋章以外，还能看见一个叫作“中粮美好”的勋章。目前，新浪微博上有超过 42 万名用户挂上了“中粮美好”勋章，这是为配合“美好生活@中粮”活动所颁发的勋章。

“美好生活@中粮”是由中粮集团和新浪微博合作，通过话题设置的方式，在不影响微博用户体验的同时，在新浪微博上将中粮对“美好生活”的主张细化为与用户息息相关的多个“美好”话题，引发了用户的广泛共鸣与积极参与。

“美好生活@中粮”的活动主题被定义为“链上美好生活”，中粮通过话题设置的方式，在新浪微博上将“美好生活”细化为过去、现在、未来三个时态下，与用户息息相关的多个“美好”话题，包括“你忘记不了的童年游戏”“记忆中的味道”“今晚吃什么”“分享你的假期”“给未来的自己说一段话”“你生活中发现的中粮产品”“美好的世博之旅图片”等。而通过中粮的官方微博账号“中粮美好生活”对用户分享内容的即时回复——赠送有着子品牌信息的粮票，将中粮旗下的各个子品牌进行了统一的新鲜亮相。

从 2010 年 7 月活动开始至 10 月 31 日活动结束，“美好生活@中粮”直接参与活动用户 506 万人，引导用户自主产生微博超过 1000 万条，活动所发布的每一个话题皆登上了新浪微博“热门话题榜”，活动官方微博账号“中粮美好生活”获得“粉丝”23 万多人，“粉丝”数和上升速度皆为新浪微博企业用户中的第一名。

➘ 思考分析

“美好生活@中粮”活动取得成功的原因在哪里？

➘ 参考结论

中粮集团通过这次活动深入到网友当中去，在碎片式的信息时代，通过与新浪深度合作，凭借高超的话题运作方式，使大家的信息往“美好”上聚焦，“美好生活@中粮”活动基于对微博的深刻理解，准确把握网民在微博上的使用习惯，知晓他们乐于参与的方式，设置出与用户息息相关的多个“美好”话题，如“你忘记不了的童年游戏”“记忆中的味道”“今晚吃什么”“分享你的假期”“给未来的自己说一段话”等。每周一个“美好”话题引起用户的兴趣关注，引发着网友发现生活中一个又一个的美好，这无疑成为许多创新广告主与消费者零距离沟通的营销典范。

（一）“粉丝”的吸引策略

1．有针对性地发布广告

微博的内容营销是在微博内容中把想发的内容结合大家想看的内容一起发布出去，制造出有传播力的广告内容。

2．做好内容规划

有条理、有规律地发布微博信息内容对“粉丝”而言是非常好的用户体验。能够对发布的内容一目了然，引导“粉丝”阅读相关的内容，久而久之，用户就会对内容形成习惯甚至依赖。

3．内容与品牌定位相符

在内容选题上要注意品牌相关性，在“粉丝”的阅读喜好下，将内容与品牌有意识地植入进去。

4．使用图片解说

要想让信息在微博媒体中被读取、被理解、被传播，就要注意图片与内容的结合，给微博内容配上合适的图片。

5．坚持不懈地提供内容

微博营销不是短跑，是一场马拉松，需要我们坚持不懈地提供内容，进行维护与管理，坚持不懈地发布有价值的信息。回答“粉丝”问题，让“粉丝”对品牌更加信任，更加拥护。

（二）微博营销活动策略

微博已经成为一个最佳的活动平台，微博活动也是有不同活动种类的，根据活动形式、适用平台、使用频率和特点将微博活动划分成微型活动、中小型活动和大中型活动三种不同类型，见表 5-1。

表 5-1　微博活动的活动策划

项目	微型活动	中小型活动	大中型活动
活动形式	有奖转发	话题策划	专题策划
适用平台	微博	微博+活动	微博+其他渠道
使用频率	高	较高	相对低
特点	适用广、灵活可控、反馈快	增加曝光率与参与度	营销效果的影响范围大

（三）微博活动策划的关键要素

1. “加关注”“@好友”“转发”

活动规则的重中之重就是“加关注”。无论是砸金蛋还是幸运大转盘，在页面上都要有“关注成为粉丝”这一项，有了“粉丝”才能为以后的微博营销打下基础。另外还有“转发”，只有“转发”才能扩散信息。“@好友”，是为了保证好友有效地被读取。

2. 参与门槛要低

活动的参与门槛要低，不要涉及很多障碍，规则也不要过于复杂，如要求@过多的好友或要求发表“粉丝”发表过多的感言，这样会流失掉愿意参与活动的“粉丝”。

3. 有力的物质刺激

有力的物质刺激是“粉丝”参与活动的动力。比较通用的奖品有电子产品、奢侈品和电影票，这些都是能够激发网友参与热情的奖品。在中奖概率方面，比起小概率大奖品，往往大概率小奖品的活动效果要好得多。

4. 及时给予反馈

活动发布后，“粉丝”增加了，不要忘记给予及时反馈。如及时发布获奖名单信息，要保持“粉丝”的热情度，“粉丝”收到奖品要给予转发和评论，及时让更多的“粉丝”看到如实的获奖情况。

模块二

微博营销优化

通过上一模块的学习，我们对微博营销的方法与技巧有了一定的认识。同时我们需要明确的是，微博营销不仅仅是对技巧的使用，它还需要对微博的基础信息、结构及内容进行优化，通过不断的推广测评来调整微博营销的计划。我们将在本模块中学习到微博的结构优化操作方式，以及微博的推广测评。

微博营销的策划操作

分析指南

微博营销是指通过微博平台为商家、个人创造价值而执行的一种营销方式。微博营销方式注重价值的传递、内容的互动、系统的布局、准确的定位，微博的火热发展也使得其营销效果尤为显著。理论的学习是对微博营销方法与技巧的掌握，只有掌握了微博营销的具体操作，才是对微博营销的深入理解。微博营销同博客营销一样，重在结构的优化与内容的安排上，具体的步骤如图 5-1 所示。

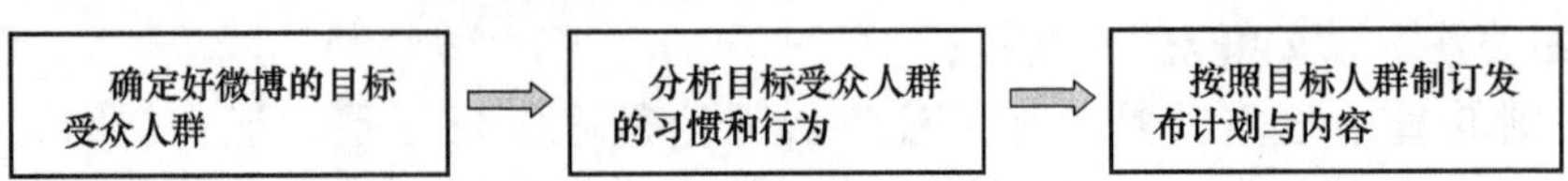

图 5-1 微博营销的策划步骤

分析结果记录

任务： 完成微博营销活动策划表的填写。

目的： 通过微博活动的策划了解微博营销的活动策划流程。

内容： 微博目标人群的定位、目标人群的喜好、行为分析，确定微博发布的基本内容。

要求： 通过表 5-2 的项目将微博营销策划的流程学习一遍。

参考： 可通过查看平台类目中排名较前的微博，查看其微博的主要内容倾向与“粉丝”的大致情况，在模仿基础之上进行学习。根据自己微博的目标受众人群，分析出他们的习惯及行为，以此确定内容与关键词组，同时制订出一个短期计划作为执行的依据。通过不断摸索提炼出一套自己策划微博营销的方法与流程。

表 5-2 微博营销活动策划表

序号	流程	内容
1	确定微博的目标人群	
2	按目标人群的行为和特征分类	
3	分析目标人群对内容的需求倾向	
4	定好微博发布的基本内容方向	
5	按照基本内容对微博进行基本信息的思考	
6	策划一个微博营销的一周计划	

微博基础设置优化

操作指南

步骤一： 通过百度搜索“新浪微博”，用申请好的用户名和密码进入微博界面，如图 5-2 所示。

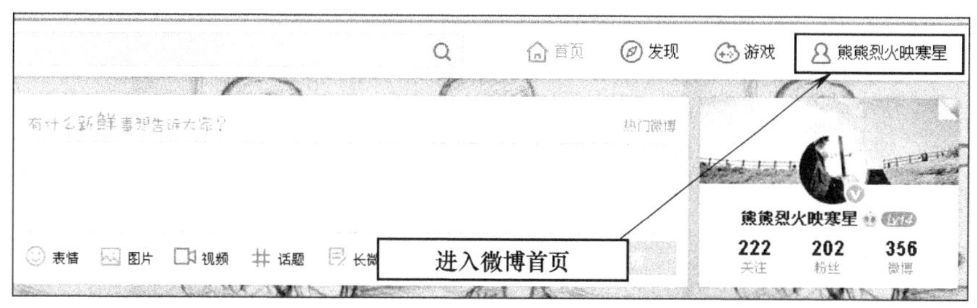

图 5-2 登录到微博首页

步骤二：在顶部的菜单栏中单击“设置”→“账号设置”，在这里对账号的基本信息进行优化，如图 5-3 所示。

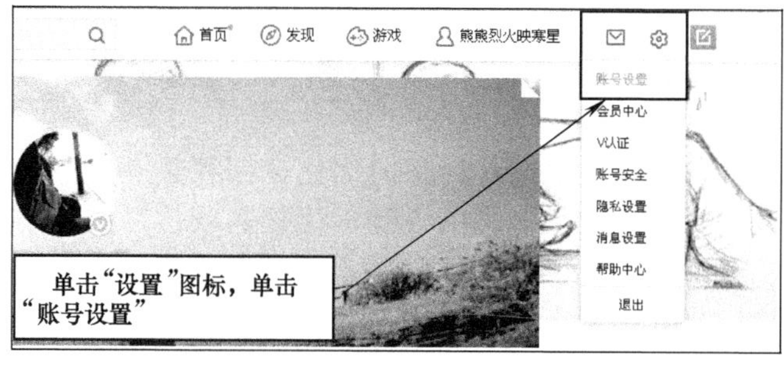

图 5-3　进行账号设置

步骤三：在“账号设置”页中选择“我的信息”选项，在右侧“个人标签”中的空白处增加新的标签，并单击“保存”按钮，如图5 4所示。

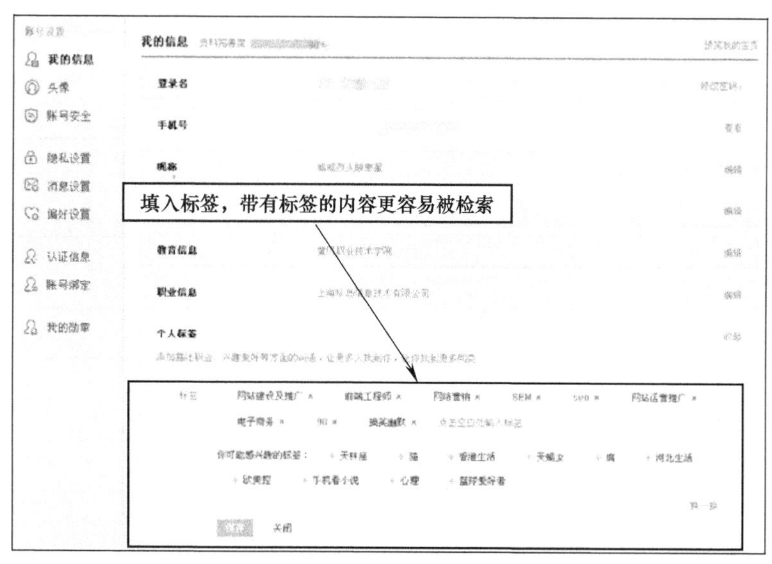

图 5-4　添加个人标签

步骤四：在“个性域名”中设置自己的微博地址，请注意：微博个性地址只能设置一次，如图 5-5 所示。

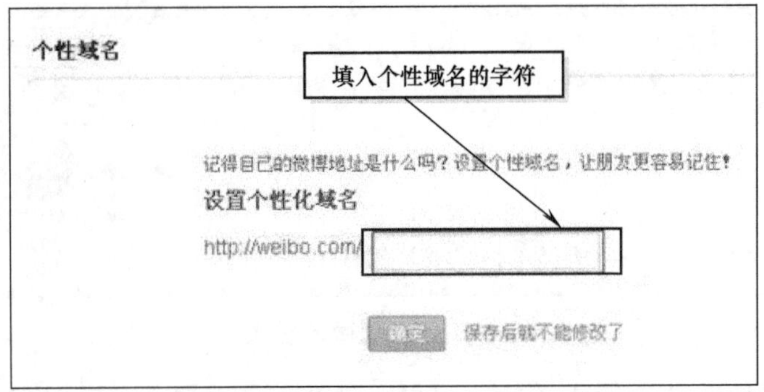

图 5-5　设置微博的个性域名

操作记录

微博的基础信息设置优化，包括对标签的优化、标签关键词的选取、微博名称的选取、个性域名的地址设置和个人关键词的设计。优化基础信息的目的在于将搜索引擎进行有针对性的引导，利于搜索引擎抓取更精准，目标客户找到你的微博更加方便。

任务：完成微博基础信息优化操作记录表。

目的：在完成优化操作的基础上，了解微博基础设置的过程及方法。

内容：填写你的微博基础设置信息。

要求：在优化微博基础信息的同时，深入思考个人标签、个性域名的使用方式，以及如何优化的过程，并单独完整操作一遍，同时完成表 5-3 的填写。

表 5-3　微博基础信息优化操作记录表

项目	使用流程记载
微博标题的设置	
微博名称的设置	
微博个人标签的设置	
URL（个性域名）的设置	
完成其他基础信息的设置	

知识延展

微博的基础优化注意事项

（1）微博的名字要简单易记　一个好的网站，名字一般都是简单易记的，选择微博名字和选择网站名一样，简单、容易记非常重要。好的微博网名是你的代言，让其他人看到微博名的时候就能很快记住，你所选择的微博名要代表你所推广的站点。例如，要推广葡萄酒网站，那么名称也最好与其相关，不要选择其他和推广内容无关的名词。

（2）微博域名的选择　有了一个好的微博名字，接下来就是让人家记住你的微博域名了。毕竟别人访问微博很多时候都是通过输入域名进入的，而微博的域名也会直接影响到搜索引擎的抓取。微博域名的选择最好以短和易记为主。

（3）微博的关键词选取要适当　对 SEO 来说，微博的信息是非常重要的，搜索引擎会把微博的信息纳入搜索结果中，索引算法会根据微博的内容选取信息作为标题，而此时这些内容的关键词选择就显得非常重要了。你要知道要做的是哪些关键词，只有找到了关键词，才能更好地做好微博的 SEO。

（4）微博优化选取热门关键词　做微博关键词优化的时候，我们要尽可能地以关键字或关键词组来开头，尽量利用热门的关键词和容易被搜索引擎搜索到的词条，增加搜索引擎的抓取速率。但这些内容也要和你推广的内容相关，又或者说，你也要考虑到你的受众，如果一味地为了优化而优化，那就得不偿失了。

微博数据分析

操作指南

步骤一：在已登录进去的微博首页上面，在页面的左侧可看到微博的关注数、“粉丝”量、微博数，如图 5-6 所示。

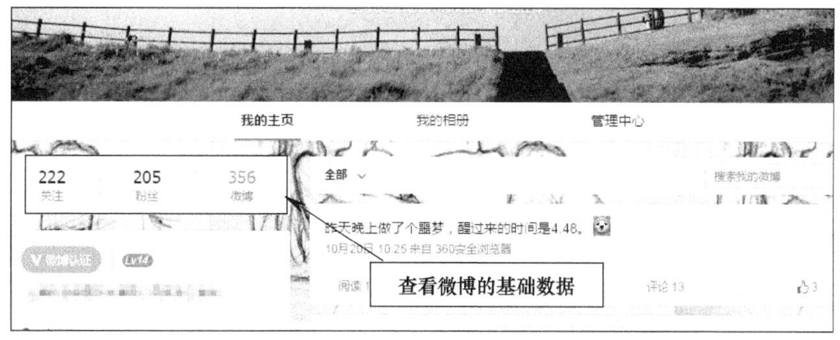

图 5-6　进入后台管理界面

步骤二：选择导航栏中的“管理中心”选项，查看后台数据趋势，如图 5-7 所示。

步骤三：在页面左侧的菜单中，单击“数据中心”，右侧显示出最近的微博数据，可查看微博的“粉丝”数和文章分析等数据，如图 5-8 所示。

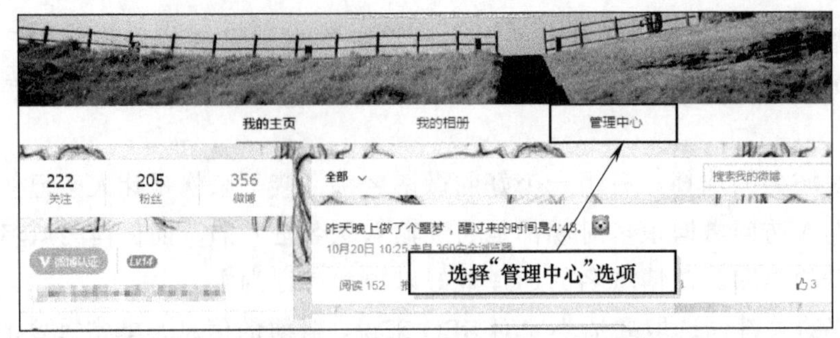

图 5-7　进入“管理中心”

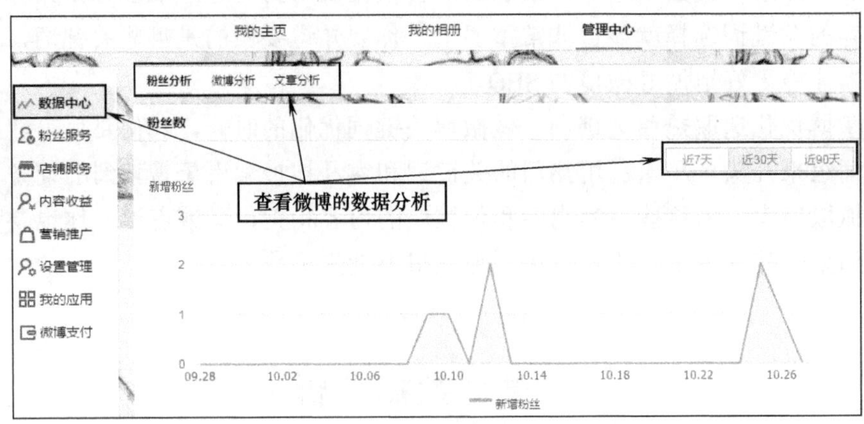

图 5-8　查看微博的数据分析

操作记录

微博的数据表明了微博的作用及传播速度，分析数据对运营微博而言是极为重要的。基于准确的微博分析数据，我们可以更快速地了解用户更喜欢看什么，哪类微博的转发和关注度较高，从而更好地维护微博。

任务： 对发布的微博进行数据的记录与分析。

目的： 通过分析了解用户的喜好，以及确定下一步的微博发布内容。

内容： 填写微博数据分析记录表。

要求： 基于微博数据分析，完成微博的目标人群定位，再次优化微博营销的内容，并完成表 5-4 的填写。

表 5-4　微博数据分析记录表

流程	使用情况记载
微博的关注与“粉丝”数据分析	
微博的转发与评论分析	
微博数据表明的人群特点	
人群的喜好偏向	
计划新的微博主要内容	

知识延展

微博基础数据的含义

（1）关注数　博客关注微博 ID 的总量，能反映出博主的主动参与度，一般在开始阶段增长迅速，而后可能出现负增长。

（2）粉丝数　博客被多少微博 ID 关注的数量，反映博客的言论影响范围和意见领袖指数，对口碑传播有重要意义。优质博主的“粉丝”数应该呈持续或均衡增长趋势。

（3）微博数　博主发布微博的总量，反映博主的在线率，互动能力、主动参与潜力和个人特性。优质博主不但微博数量多且质量高。

（4）转发数　对某条博文转发次数总和，反映信息传播的范围和传播效率，具有吸引力的内容和博主的影响力是加速转发的重要基础。

（5）收藏数　对某条博文收藏次数总和，反映博文的知识性和可用性程度，该功能用户使用率较低。专家型或行业特长型博主的博文被收藏的可能性较大。

（6）评论数　对某条博文评论次数的总和，反映博文的信息质量、博主的话题能力和影响力，还说明粉丝及同类别受众的参与度与话题倾向。

项目评价

根据实际操作情况填写微博营销操作综合评价表，见表 5-5。

表 5-5　微博营销操作综合评价表

评价项目	分值/分	自我评价	小组评价	教师评价	标准
能掌握微博添加关注的方法	10				熟练掌握：85～100 分 基本掌握：75～84 分 部分掌握：60～74 分 没有掌握：60 分以下
能进行微博用户的查找	10				
能参与微博话题	10				
能进行转发、评论与收藏操作	10				
掌握微博中“@”的使用方法	10				
能掌握微博私信的操作	10				
能掌握微博的基本设置优化	10				
能完成微博运营数据的分析	10				
能通过数据了解目标人群的微博内容喜好	10				
能根据目标人群制订下一计划的微博内容	10				
合计	100				

课后练习

一、判断题（正确的打“√”，错误的打“×”）

1. 微博适用所有企业及产品，不论你是哪类企业，也不论你销售的是哪类产品，都可以用微博进行营销。（　　）

2. 微博也有其短板，如营销信息的碎片化，从这一点上就不如博客丰富、完整及清晰。（　　）

3. 只要把微博用起来，既省事又省人力，效果还好，其他的营销渠道都不需要了。（　　）

4. 在最先进的营销理论中，要求企业尽可能研究潜在可能到达的地方，即信息接触点，然后在这些信息接触点投放信息并尽量与用户进行互动，使得用户可能光顾。（　　）

5. 在策划微博营销方案时，应该站在企业最高层面上，以企业的整体营销方案为框架，在此基础上，让微博这个平台在企业整体方案中发挥应有的作用。（　　）

二、单项选择题

1. 吸引特定的博友注意，需要用到（　　）方法。
   A．使用@　　B．在博友的文章后留言
   C．将博友的内容转发　　D．给博友加关注
2. 做好微博营销的方式不包括（　　）。
   A．设置好微博的标签　　B．不需要按规律进行更新
   C．善于利用大众热门话题　　D．在微博的几个高峰期发帖
3. 以下关于微博营销描述不对的是（　　）。
   A．微博将是有效的营销工具，微博的运营商可以与企业共同进行策划，以企业微博、代言人微博、用户微博为载体，针对新产品、新品牌等进行主动的网络营销
   B．微博将是植入式广告的最好载体，微博营销可以在趣味话题、图片、和视频中植入广告
   C．微博是一种按照读者喜好定制的媒体，但不能够算是企业和媒体人十分热衷使用的客户满意度测试工具
   D．建立一个微博平台的事件营销环境，能够快速吸引关注，这对于企业的公关、话题营销的开展能起到如虎添翼的作用
4. 以下不属于发微博的最佳时间段为（　　）
   A．9:30—12:00　　B．12:30—14:30
   C．15:30—17:30　　D．20:30 至第二天 1:30

5．微博的使用人群不包括（　　）。

A．理工人群　　　　B．年轻人群

C．高学历人群　　　　D．互联网资深用户

三、问答题

1．从信息源的表现差异上，简述微博营销与博客营销的异同点。

2．在移动时代的用户获取信息中，微博营销占有怎样的优势？

3．微博营销的核心价值是什么？

4．简述微博营销的价值。

5．简述微博营销的优势。

项目六

微信营销

项目概述

微信属于一对一互动，从社会角度看，一对一关系是私密和去中心化的。微信公众号的出现，给企业提供了一个绝佳的一对多的平台。企业把微信当作营销工具，向客户传达信息，倾听并关注客户的反馈。它具有互动功能，可以在微信后台设置好一些快捷回复的方案，灵活而多变的沟通方式极大地增强了用户体验。同时，微信还具有人工微信客服的核心优势，实现了人与人的实时沟通。客户所面对的，不仅仅只是一个微信的界面，而是一个个专业、服务质量优秀的客服人员，对于客户的咨询可以给出满意的回复，从而实现较好的营销效果。

项目导入

随着智能手机越来越普及，微信已经走向大众化，同时，微信在手机软件市场上已稳居霸主地位，就类似于如今计算机聊天工具中的QQ地位一样，无法撼动。微信是推动移动营销的重要工具。

微信营销的优势在于信息交流的互动性更加明显，虽然博客营销和微博营销中也有和“粉丝”的互动，但及时性无法保证。而微信具有很强的互动及时性，无论在哪里，只要带着手机，就能够很轻松地同客户进行很好的互动。因此，商家通过微信提供用户需要的信息，推广自己的产品，从而实现点对点的营销。

模块一

理论知识：微信营销概述

微信营销是指在以安卓系统、苹果系统的手机或平板计算机中的移动客户端进行的区域定位营销。商家通过微信公众平台推送优质的内容给客户，结合微信会员管理系统展示商家的关于官网、微会员、微推送、微支付等一系列活动，形成了一种主流的线上与线下微信互动营销方式。

一、微信营销基础

（一）微信营销的定义

微信营销是网络经济时代移动端营销模式的创新，是伴随着微信的火热产生的一种网络营销方式。微信不存在距离的限制，用户注册微信后，可与周围同样注册的“朋友”形成一种联系，用户订阅自己所需的信息，商家通过提供用户需要的信息推广自己的产品，进行点对点的营销。

（二）微信营销的特点

1. 点对点精准营销

微信拥有庞大的用户群，借助移动终端、天然的社交和位置定位等优势，每个信息都是可以推送的，能够让每个个体都有机会接收到这个信息，继而帮助商家实现点对点精准化营销。

2. 形式灵活多样

（1）漂流瓶　用户可以发布语音或文字投入“大海”，如果有其他用户“捞”到则可以展开对话。

（2）位置签名　商家可以利用“用户签名档”这个免费的广告位为自己做宣传，附近的微信用户就能看到商家的信息了。

（3）二维码　用户可以通过扫描二维码来添加朋友、关注企业账号；企业可以设定自己品牌的二维码，用折扣和优惠来吸引用户关注，开拓 O2O 的营销模式。

（4）开放平台　通过微信开放平台，应用开发者可以接入第三方应用，还可以将应用的标志放入微信附件栏，使用户可以方便地在会话中调用第三方应用进行内容选择与分享。例如，美丽说的用户可以将自己在美丽说中的内容分享到微信中，可以使一件美丽说的商品得到不断的传播，进而实现口碑营销。

（5）公众平台　在微信公众平台上，每个人都可以用一个 QQ 号打造自己的微信公众平台，并在微信平台上实现和特定群体的文字、图片、语音的全方位沟通和互动。

3. 强关系的机遇

微信的点对点产品形态注定了其能够通过互动的形式将普通关系发展成强关系，从而产生更大的价值。微信通过互动的形式与用户建立联系，互动就是聊天，可以解答疑惑、讲故事甚至可以“卖萌”，用一切形式让企业与消费者形成朋友的关系，你不会相信陌生人，但是会信任你的“朋友”。

二、微信营销的优缺点

（一）微信营销的优点

1. 高到达率

营销效果很大程度上取决于信息的到达率，这也是所有营销工具最关注的地方。与手机短信群发和邮件群发被大量过滤不同，微信公众平台所群发的每一条信息都能完整无误地发送到终端手机，到达率高达 100%。

2. 高曝光率

曝光率是衡量信息发布效果的另外一个指标。信息曝光率和到达率是两码事，与微博相比，微信信息拥有更高的曝光率。在微博营销过程中，除了少数一些技巧性非常强的文案和关注度比较高的事件被大量转发后获得较高曝光率之外，直接发布的广告微信很快就淹没在了微信滚动的动态中了，除非你刷屏发广告或用户刷屏看微信。

微信是由移动即时通信工具衍生而来的，天生具有很强的提醒力度，如铃声、通知中心消息停驻、角标等，随时提醒用户收到未阅读的信息，曝光率高达 100%。

3. 高接受率

微信已经成为或超过类似手机短信和电子邮件的主流信息接收工具，其广泛和普及性成为营销的基础。除此之外，由于公众账号的“粉丝”都是主动订阅而来的，信息也是主动获取的，完全不存在垃圾信息招致抵触的情况。

4. 高精准度

事实上，那些“粉丝”数量庞大且用户群体高度集中的垂直行业微信账号，才是真正炙手可热的营销资源和推广渠道。例如，酒类行业知名媒体佳酿网旗下的酒水招商公众账号，拥有近万名由酒厂、酒类营销机构和酒类经销商构成的“粉丝群”，这些精准用户相当于一个盛大的在线糖酒会，每一个用户都是潜在客户。

5. 高便利性

移动终端的便利性再次增加了微信营销的高效性。相对于计算机而言，未来的智能手机不仅能够拥有计算机所能拥有的任何功能，而且携带方便，用户可以随时随地获取信息，而这会给商家的营销带来极大的方便。

（二）微信营销的缺点

微信营销所基于的强关系网络，如果不顾用户的感受，强行推送各种不吸引人的广告信息，则会引来用户的反感。凡事理性而为，善用微信这一时下最流行的互动工具，让商家与客户回归最真诚的人际沟通，才是微信营销真正的正道。

三、微信营销的推广模式

1. 草根广告式——查看附近的人

产品描述：微信中基于 LBS 的功能插件“查看附近的人”可以使更多陌生人看到这种强制性广告。

功能模式：用户单击“查看附近的人”后，可以根据自己的地理位置查找到周围的微信用户。在这些附近的微信用户中，除了显示用户姓名等基本信息外，还会显示用户签名档的内容。所以，用户可以利用这个免费的广告位为自己的产品打广告。

营销方式：营销人员在人流最旺的地方后台 24 小时运行微信，如果“查看附近的人”使用者足够多，这个广告的效果会随着微信用户数量的上升而提升，这个简单的签名栏就会变成移动的“黄金广告位”。

2. 品牌活动式——漂流瓶

产品描述：移植到微信上后，漂流瓶的功能基本保留了原始、简单、易上手的风格。

功能模式：漂流瓶有两个简单功能：

1）“扔一个”：用户可以选择发布语音或文字消息，然后投入大海。

2）“捡一个”：“捞”大海中无数个用户投放的漂流瓶，“捞”到后也可以和对方展开对话，但每个用户每天只有 20 次机会。

营销方式：微信官方可以对漂流瓶的参数进行更改，使得合作商家推广的活动在某一时间段内抛出的“漂流瓶”数量大增，普通用户“捞”到的频率也会增加。加上“漂流瓶”模式本身可以发送不同的文字内容甚至语音消息，如果营销得当，也能产生不错的营销效果。这种语音模式，让用户觉得更加真实。但如果只是纯粹的广告语，是会引起用户反感的。

3. O2O 折扣式——扫一扫

产品描述：二维码发展至今，其商业用途越来越多，微信顺应潮流可以结合二维码展开商业活动。

功能模式：将二维码图案置于取景框内，然后将可获得成员折扣、商家优惠抑或是一些新闻资讯。

营销方式：移动应用中加入二维码扫描这种 O2O 方式早已普及开来，坐拥上亿用户且活跃度足够高的微信，价值不言而喻。

4. 互动营销式——微信公众平台

产品描述：对大众化媒体、明星和企业而言，微信公众平台和朋友圈社交分享功能的开放，使微信成为一种移动互联网上不可忽视的营销渠道。那么微信公众平台的上线，则使这种营销渠道更加细化和直接。

5. 微信开店

这里的微信开店（微信商城）并非微信“精选商品”频道升级后的腾讯自营平台，而是由商户申请获得微信支付权限并开设微信店铺的平台。截至 2013 年年底，公众号要申请微信支付权限需要具备两个条件：①必须是服务号；②需要申请微信认证，以获得微信高级接口权限。商户申请了微信支付后，才能进一步利用微信的开放资源搭建微信店铺。

四、微信营销策略

1. “意见领袖型”营销策略

企业家、企业的高层管理人员在微信圈中大都是意见领袖，他们的观点具有相当强的辐射力和渗透力，对大众言辞有着重大的影响作用，潜移默化地改变人们的消费观念，影响人们的消费行为。微信营销可以有效地综合运用意见领袖的影响力，和微信自身强大的影响力刺激需求，激发人们的购买欲望。

2. “病毒式”营销策略

微信的即时性、互动性、可见度、影响力及无边界传播等特质特别适合病毒式营销策略的应用。微信平台的群发功能可以有效地将企业拍的视频、制作的图片，或是宣传的文字群发给微信好友。企业更可以利于二维码的形式发送优惠信息，这是一个既经济又实惠，并且有效的促销模式，使顾客主动为企业做宣传，激发口碑效应，将产品和服务信息传播到互联网和生活中的每个角落。

3. “视频、图片”营销策略

运用“视频、图片”营销策略开展微信营销，让我们的微信营销更加直观化、美观化，更加吸引消费者的眼球。

模块二

微信公众号操作

通过上一模块的学习，我们了解到微信营销是优质的内容营销方法。在推送内容上，传统的微信号的功能有限，我们需要使用到微信公众号这个产品。微信公众号是开发者或商家在微信公众平台上申请的应用账号。通过公众号，商家可在微信平台上实现和特定群体的文字、图片、语音、视频全方位沟通、互动，形成了一种主流的线上与线下微信互动营销方式。我们将在本模块学习到微信公众号的申请与操作方法。

微信营销的内容设计

操作指南

微信营销是一个持久的信息推送营销方式，优质的微信内容是使“粉丝”持续关注的重要因素。微信营销要求企业擅于在微友的互动和对话中寻找感兴趣的话题，发现并将感兴趣的话题转到发布的内容中，从而为潜在客户提供个性化、差异化的信息服务，达到营销的目的。微信营销的内容设计流程如图 6-1 所示。

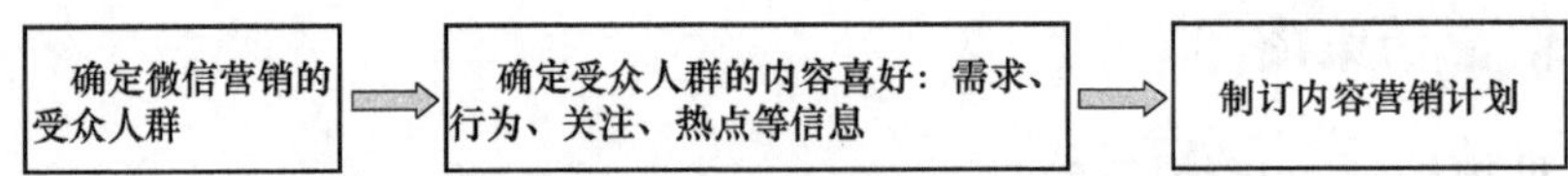

图 6-1　微信营销的内容设计流程

分析结果记录

任务：完成微信营销内容设计记录表的填写。

目的：通过完成记录表，了解微信营销的内容设计流程。

内容：按照调查和思路开展内容设计，并规划好微信内容营销的发布时间节点、发布对象、发布的大体内容等。

要求：按表 6-1 的要求填入微信的发布内容。

参考：可通过查阅相似类型的竞争对手的运营号来了解营销对象的人群分类，根据分类判断用户的行为和喜好，以此作为确定营销内容的依据。在起始阶段，用文字进行简单描述即可。

表 6-1　微信营销内容设计记录表

序号	分类目标人群	目标人群的喜好和内容阅读倾向	确定本次微信营销的大体内容
例	新手妈妈	喜好：关于幼儿成长的细节内容 内容倾向：幼儿的饮食、发育特点、常见问题、营养产品、奶粉等	代购、奶粉、喂养、成长、幼儿动作含义等与母婴相关的专题
1			
2			
3			
4			
5			
6			
7			

微信公众号的申请

操作指南

步骤一：通过百度搜索“微信公众号”，单击“微信公众平台”，如图 6-2 所示。

步骤二：在官网界面的右上角单击“立即注册”，如图 6-3 所示。

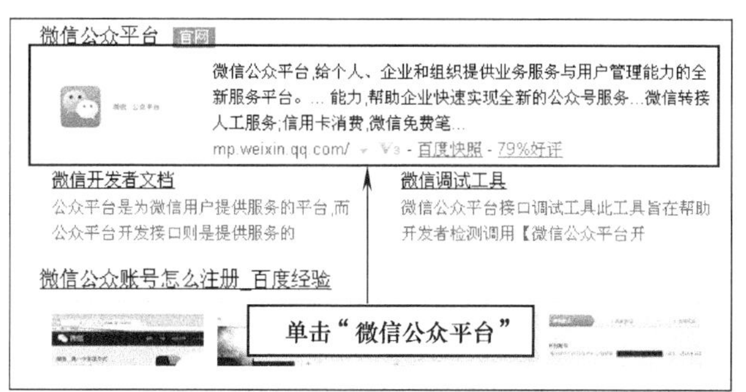

图 6-2　进入微信公众平台

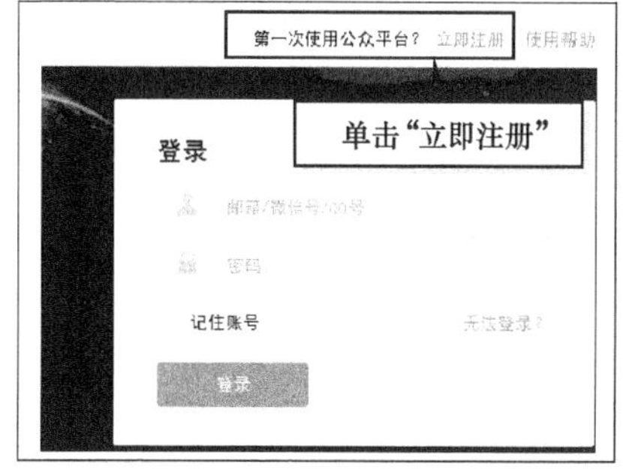

图 6-3　申请公众号

步骤三：在微信公众平台的基本信息中填入申请的信息，如图 6-4 所示。

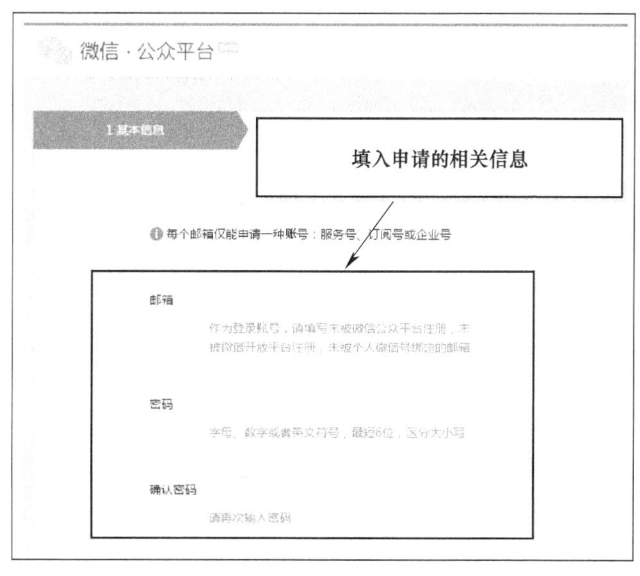

图 6-4　选择服务号类型并填写注册信息

步骤四：注册显示成功后，填写好邮箱之后进入邮箱。打开微信给你发的邮件，然后单击里面的激活账号的链接，如图 6-5 所示。

步骤五：如果公众号是企业公众号，需要对企业进行认证。选择“企业”选项卡，上传企业的图像信息，如图 6-6 所示。

步骤六：注册申请通过之后就可以进入微信公众平台。

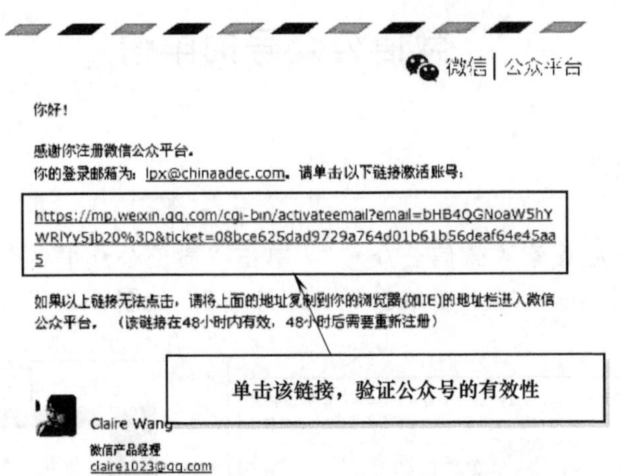

图 6-5　在邮箱中单击链接进行验证

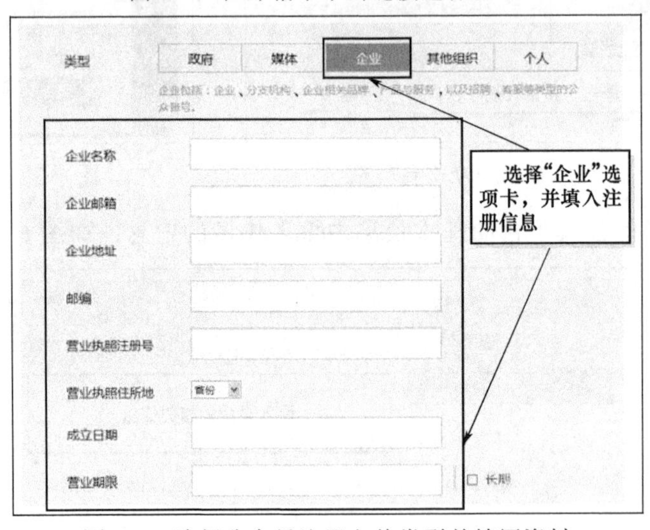

图 6-6　选择公众号注册主体类型并填写资料

操作记录

在申请公众平台时，根据申请业务的主体不同，分为企业和个人两种不同的注册，需要提供的资料也不同。申请企业公众号需要提供企业的营业执照和法人代表的身份证照片，申请个人公众号就少了一个营业执照的认证过程。

任务：通过微信公众平台申请一个微信公众号。

目的：通过记录表的填写，了解申请公众号的步骤、注意事项，以及在完成公众号申请的过程中需要提交的资料，对企业公众号和个人公众号的申请流程要熟练。

内容：填写公众号申请记录表。

要求：在单独实践的基础之上记录好操作步骤，了解过程并区别几种不同公众号的申请资料准备，同时完成表 6-2 的填写。

表 6-2　微信公众号申请记录表

项目	使用流程记载
申请邮箱准备	
订阅号与服务号的选择	
申请个人还是企业公众号	
公众号资料的准备	
申请流程操作	
邮箱验证	
公众号申请成功	

知识延展

微信公众号的分类及区别

微信公众号分为订阅号和服务号。

（1）订阅号　每天群发一条信息，认证后有自定义菜单，没有高级接口，不能用开发模式。

（2）服务号　申请后自带自定义菜单。认证后可以有高级接口，每周群发一条信息。

注：订阅号与服务号均不可主动添加微信好友。订阅号、服务号在通讯录里被归类，用户可以去公众号文件夹中找到已关注订阅号、服务号。服务号、订阅号认证均需 300 元/年。

微信公众号的使用操作

操作指南

步骤一：登录微信公众号后台，选择左侧的菜单中“设置”选项下的“公众号设置”如图 6-7 所示。

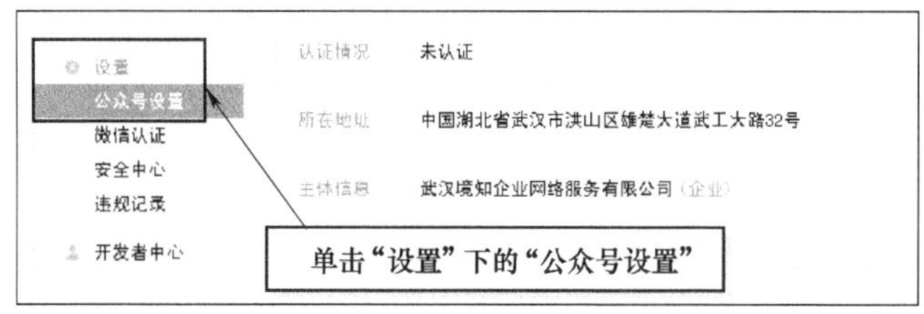

图 6-7　进入公众号的基本设置

步骤二：在公众号设置的页面中上传公众号头像，并且设置好基础信息，如图 6-8 所示。

图 6-8 设置好公众号的基本信息

步骤三：选择左侧菜单栏中“功能”选项下的“群发功能”，并单击“新建群发消息”图标，如图 6-9 所示。

图 6-9 使用群发功能

步骤四：进入图文消息编辑页面，按照顺序填入要发布的图文消息，如图 6-10 所示。

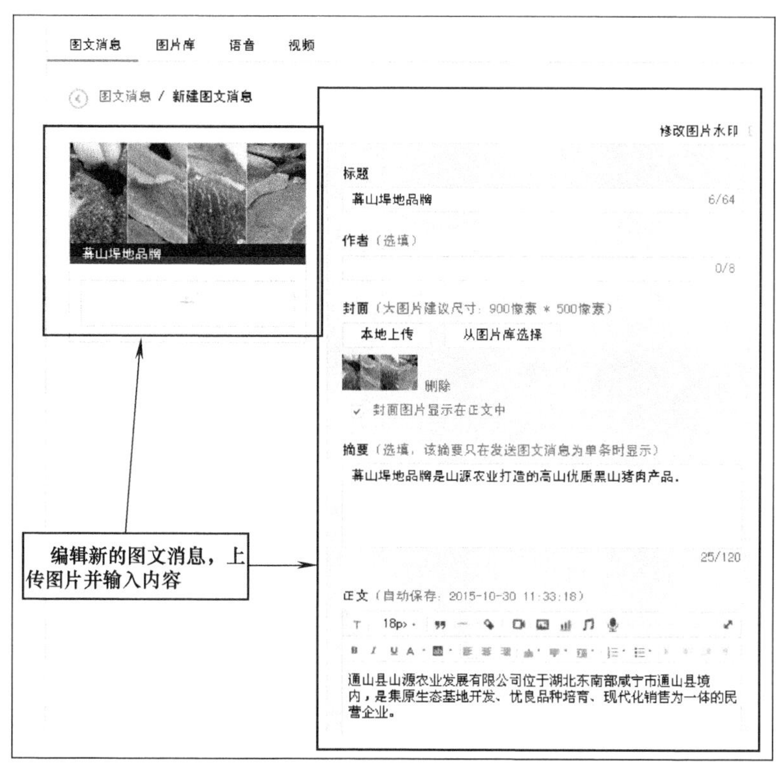

图 6-10 编辑新的图文消息

步骤五：发布之前需要预览效果，单击“预览”按钮，在弹出的窗口中填入自己的手机号码，单击“确定”按钮，如图 6-11 所示。

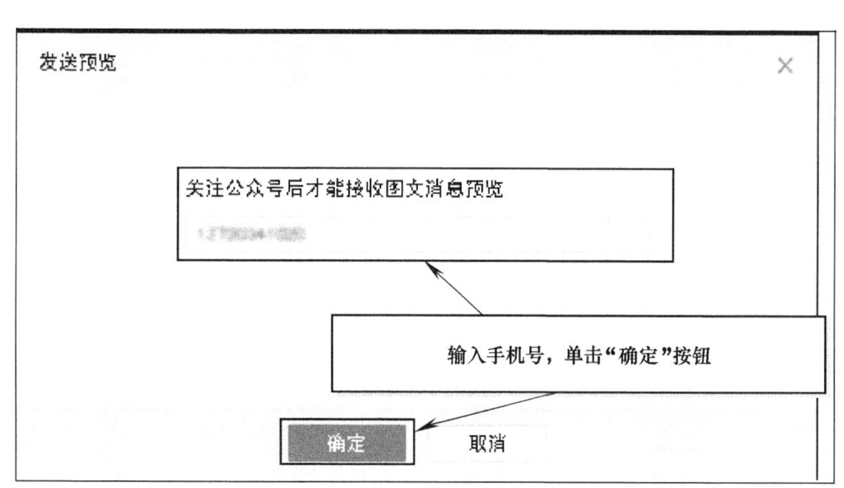

图 6-11 输入手机预览效果

步骤六：在手机上收到此条消息，触点“查看全文”，可查看效果，如图 6-12 所示。

步骤七：预览完成后确保无误，单击“保存并群发”按钮，则群发消息成功。

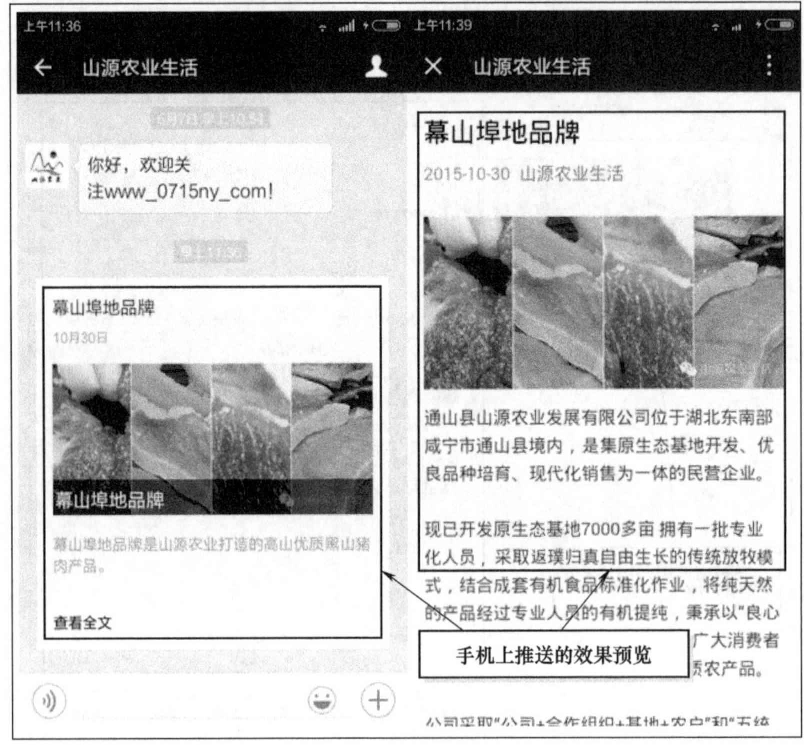

图 6-12　此条消息的手机预览效果

操作记录

微信公众号的内容推送要结合目标人群的消费观、文化和地域等各种因素，最好的内容是原创内容，经营微信营销的企业应该为目标消费者带去独立的见解，以提供优质的顾客需求内容为导向，从而推动客户的持续阅读需求，软性植入品牌的营销宣传。

任务：群发一条微信消息。

目的：掌握群发微信消息的方法。

内容：填写微信消息推送记录表。

要求：学习单条图文消息的推送方法，尝试进行多条图文消息的推送，同时完成表6-3的填写。

表 6-3　微信消息推送记录表

流程	使用情况记载
登录微信公众号后台	
设置公众号基本信息	
下载二维码备用	
消息的素材准备（图片、文本）	
发送单条图文消息	
发送多条图文消息	

知识延展

微信公众号的运营技巧

1）微信认证对提升企业的信任度很重要，所以，企业应想尽一切方法早一点通过微信认证。

2）不一定要每一次都推送文章，推广一些小知识、技巧和笑话均可。旅游和自驾也是很好的内容，只要能帮助到潜在顾客和读者都可以。每一次都推送一条跟微博一样的内容，因为信息量小，不会影响订阅客户的生活，并且可以学到新的知识，这样的公众账号是很受欢迎的。

3）选择合适的图片很重要，企业可经常到相关的微博和网站里获取一些图片。做微信营销要重视细节，图文要匹配，不能文不对图。板块要细分，因为板块是供不同层次客户选择分享的，也让读者有挑选的余地。

4）晚上或下午推送内容最好，因为要考虑这些时间段读者有足够的时间来阅读。白天推送内容适合做产品的促销，顾客可以当即订购产品，带来产品真正的销售。

5）企业先学好服务 500、1000 个微信用户，用户多少不代表营销能力强，仅仅是一个数量，用户的互动价值和关注价值才是微信营销的核心，多创造和读者沟通的话题，读者关心的话题可让整个公众账号活跃起来。

6）公众账号没有活跃度就是一个死号，所以每天的内容编辑是活跃的核心，如果“三天打鱼，两天晒网”，那就没有任何价值。

二维码的制作

操作指南

步骤一：在百度上搜索“草料二维码生成器”，如图 6-13 所示。

步骤二：进入草料二维码界面，查看草料二维码网站的导航，导航提供不同元素生成二维码的渠道，如图 6-14 所示。

步骤三：根据需要生二维码的类型，选择导航栏中相应的渠道。例如，此处需要生成一个微信公众号的二维码，则单击“微信”→“上传图片”，如图 6-15 所示。

步骤四：在弹出的窗口中，选择需要生成新二维码的微信二维码，在页面右侧生成新的二维码，如图 6-16 所示。

步骤五：如果需要美化二维码，在生成的二维码下方单击“高级美化”，如图 6-17 所示。

步骤六：在弹出的二维码美化器上，根据需要美化二维码，此处选择的是模板美化二维码，如图 6-18 所示。

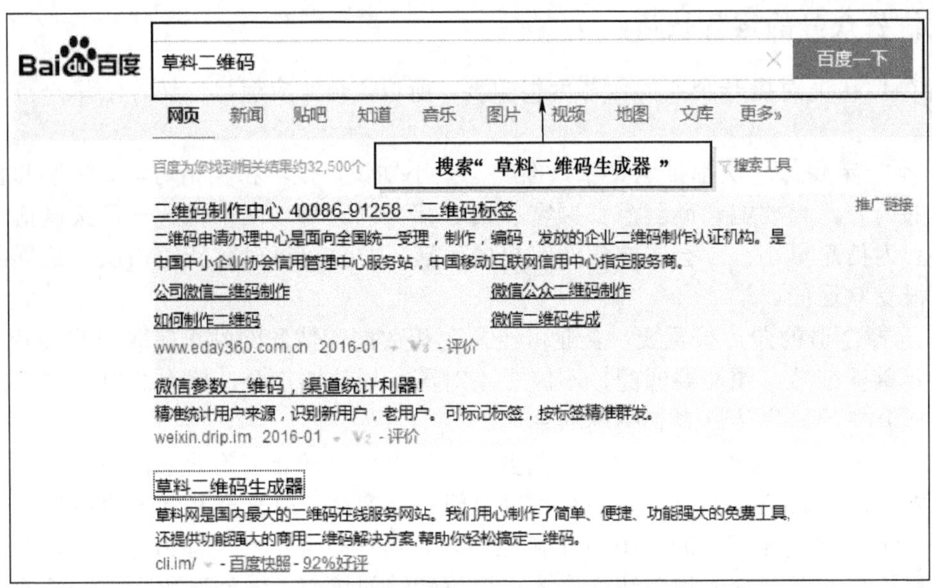

图 6-13 在百度上搜索“草料二维码生成器”

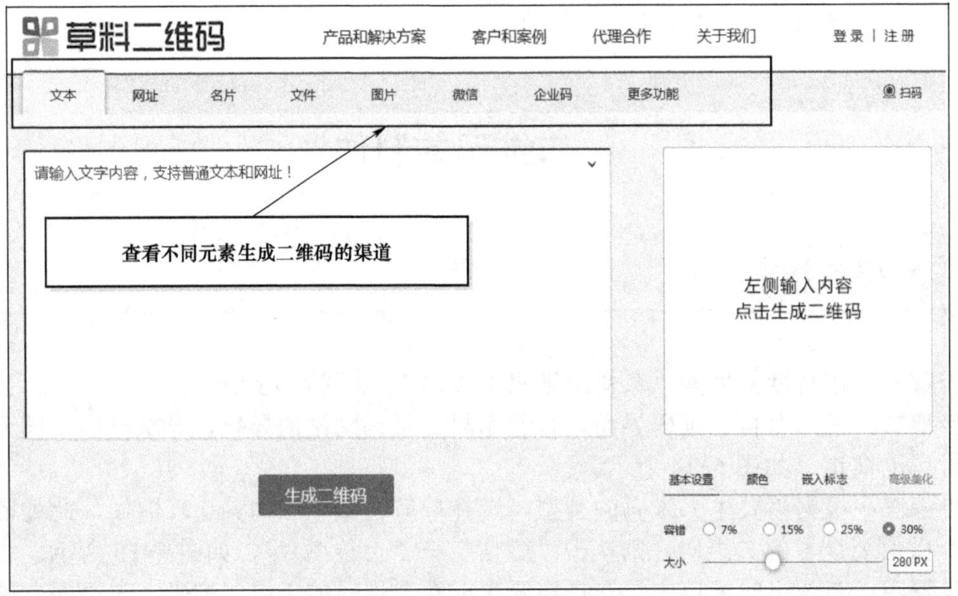

图 6-14 进入草料二维码生成器并查看导航

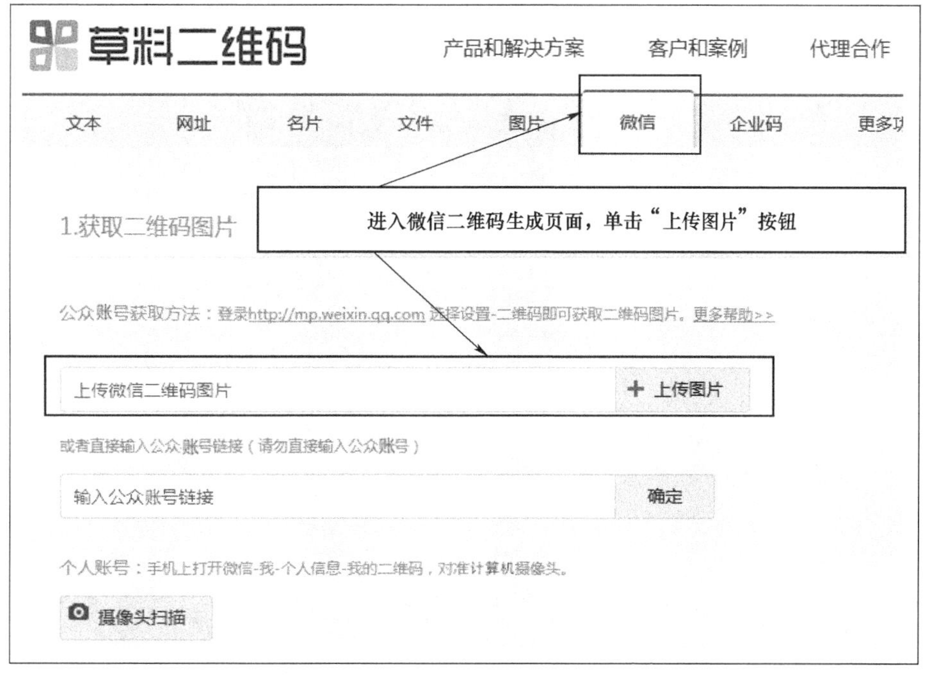

图 6-15　微信二维码生成界面

图 6-16　生成新的二维码

图 6-17 使用高级美化功能

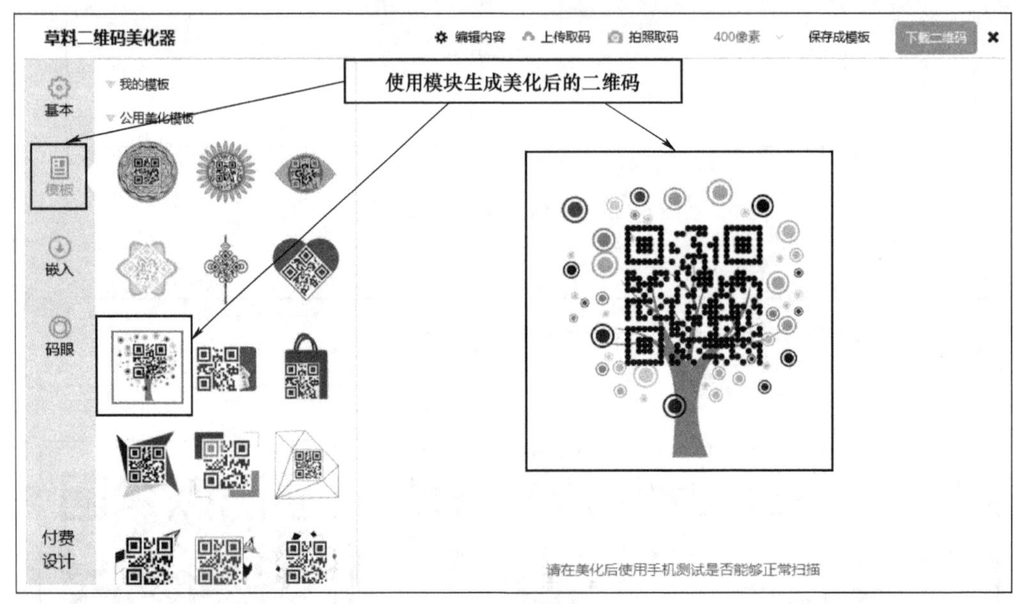

图 6-18 使用二维码美化器

操作记录

草料二维码是国内最大的二维码生成网站，能将电话、文本、短信、邮件、名片、Wi-Fi 生成二维码，还能通过云技术实现文件（如 ppt、doc 等）、图片、视频、音频的二维码生成，并提供了多种不同二维码产品的服务。

任务： 填写草料二维码生成记录表。

目的： 掌握二维码生成及美化的方法。

内容： 使用草料二维码生成器生成一个美化后的网址二维码。

要求：学习二维码的基本生成方法，并按照不同的要求生成不同形式的美化二维码，同时完成表 6-4 的填写。

表 6-4　草料二维码生成记录表

流程	使用情况记载
登录草料二维码生成器网站	
选择二维码生成的内容或网址	
生成多个不同像素的二维码	
美化二维码	
添加图标信息	

知识延展

微信二维码的推广

1）在博客、论坛、QQ 群、QQ 说说和空间等挂出二维码。
2）微博宣传、头像和博文中留下微信号和二维码，并鼓励“粉丝”分享出去。
3）通过邮件来推广二维码。
4）如果有实物产品，可以在外包装上印刷二维码。
5）在活动中，广告或海报宣传上印上二维码，并告知扫描关注后会有什么好处。
6）在百度文库、贴吧、知道和经验等百度产品里来添加。

项目评价

根据实际操作情况填写微信公众号申请操作综合评价表，见表 6-5。

表 6-5　微信公众号申请操作综合评价表

评价项目	分值/分	自我评价	小组评价	教师评价	标准
准备微信公众号申请邮箱，准备公众号申请资料	10				熟练掌握：85～100 分 基本掌握：75～84 分 部分掌握：60～74 分 没有掌握：60 分以下
通过百度搜索公众号平台	10				
能根据公众号性质选择服务号和订阅号	10				

（续）

评价项目	分值/分	自我评价	小组评价	教师评价	标准
能准确分类目标客户群	10				熟练掌握：85～100 分 基本掌握：75～84 分 部分掌握：60～74 分 没有掌握：60 分以下
能根据客户群分析用户的内容阅读倾向	10				
能设计短期的内容推送计划	10				
能完成对推送内容的素材准备	10				
能完成单条图文的内容推送操作	10				
能完成多条图文的内容推送操作	10				
能使用草料二维码生成器制作并美化二维码	10				
合计	100				

课后练习

一、判断题（正确的打“√”，错误的打“×”）

1. 微信公众平台包括订阅号和服务号。（　　）

2. 微信可将品牌推广给上亿的微信用户，减少宣传成本，提高品牌知名度，打造更具影响力的品牌形象。（　　）

3. 微信公众平台可以出售商品，让商家实现快速销售。（　　）

4. 微信的内容推送，可以是文章，也可以是小知识与技巧，只要是对用户有用的信息都是可以推送的。（　　）

5. 订阅号每天可以群发一条信息，服务号每月可以发四条消息。（　　）

二、单项选择题

1. 下面对微信营销的说法错误的是（　　）。

A. 微信营销的效果在很大程度取决于信息的到达率

B. 拥有粉丝量庞大且用户群体高度集中的微信账号是推广的优质渠道

C. 微信营销可以通过用户分类来进行消息推送

D．相对于网络广告的硬植入，微信公众号是用户自己关注的，因此，所推送的广告并不引人反感

2．关于微信公众平台，说法错误的是（　　）。

A．公众平台企业与个人都可以申请　　B．服务号必须企业申请

C．订阅号必须企业申请　　D．企业公众号必须进行认证

3．申请微信公众账号个人订阅号，（　　）是必备的。

A．手持身份证的清晰照片　　B．真实有效的手机号码

C．有效的邮箱　　D．以上都是

4．（　　）会严重影响客户的体验。

A．使用外挂行为　　B．刷粉行为

C．诱导分享行为　　D．以上都是

5．微信加好友的方法有（　　）。

A．摇一摇　　B．漂流瓶

C．附近的人　　D．以上都是

三、问答题

1．请写出至少三点有关服务号与订阅号的区别。

2．微信营销推广模式有哪几种？

3．请写出查找附近的人的营销方式。

4．简述漂流瓶的玩法。

5．在微信营销中，优质的微信内容起到了怎样的影响？为什么内容如此重要？

项目七

论坛营销

项目概述

论坛是互联网上的一种电子信息服务系统，可简单理解为发帖、回帖、讨论的平台。每个用户都可以在论坛上面书写自己的观点，同时也可以发布信息或提出看法。它是一种交互性极强、内容丰富且及时的电子信息服务系统。用户在论坛上可以进行各种信息服务、发布信息、进行讨论、聊天等操作。

历经多年洗礼，论坛作为一种网络平台不仅没有消失，反而越来越焕发出巨大的活力。由于论坛的人气极高，在互联网诞生之初，人们就开始利用论坛进行各种各样的企业营销活动。

项目导入

论坛营销推广是伴随着国内社交网络的发展而起步的。以论坛为媒介，企业参与论坛讨论，建立自己的知名度和权威度，并在隐形中推广自己的产品或服务。论坛营销运用得当，将是非常有效果的网络营销手段。

本项目从论坛营销的基础知识出发，详细介绍了论坛营销推广的相关方法与技巧，结合国内论坛营销的部分成功案例，力求详尽地展示论坛营销的重要内容。

模块一

理论知识：论坛营销概述

论坛营销是指借助论坛平台对企业和产品信息进行营销策划和推广，提升口碑和美誉度，达到推广目的的一种常见的营销推广活动。由于论坛话题的开放性，利用论坛的超高人气，可以有效地为企业提供营销传播服务。因此，几乎企业所有的营销诉求都可以通过论坛传播得到有效的实现。但不同的企业对于论坛营销的收效却相差极大，这是什么原因产生的？我们将在本模块中学习到。

一、论坛营销基础

论坛营销是指企业利用论坛这种网络交流的平台，通过文字、图片、视频等方式发布企业的产品和服务信息，从而让目标客户更加深刻地了解企业的产品和服务，最终达到宣传企业的品牌、加深市场认知度目的的网络营销活动。

根据论坛的专业形式不同，论坛可以分为以下几类：

1. 综合性论坛

综合性论坛包含的信息比较丰富和广泛，能够吸引几乎全部的网民来到论坛，通常大型的门户网站有足够的人气和凝聚力及强大的后盾支持。小型规模的网络公司，或者个人简历的论坛网站，就倾向于选择综合性论坛的某个栏目来做到精致。综合性论坛的典型代表如下：

1）天涯社区（http://www.tianya.cn），如图 7-1 所示。

图 7-1　天涯论坛

2）猫扑社区（http://www.mop.com），如图 7-2 所示。

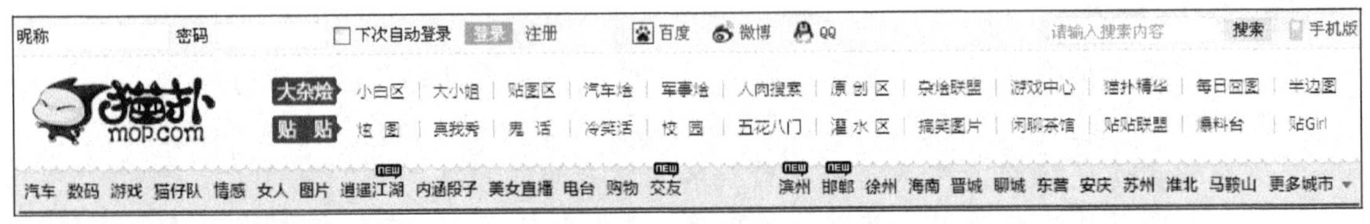

图 7-2　猫扑论坛

3）百度贴吧（http://www.tieba.baidu.cn），如图 7-3 所示。

图 7-3　百度贴吧

4）新浪论坛（http://www.bbs.sina.com.cn），如图 7-4 所示。

图 7-4　新浪论坛

2. 专业性论坛

专业性论坛是相对于综合性论坛而言的，专业性论坛能够吸引真正志同道合的人一起来交流探讨，有利于信息的分类整合和收集。专业性论坛对学术科研、教学起到重要的作用。例如，购物类论坛、军事类论坛、情感倾诉类论坛、计算机爱好者论坛和动漫论坛，这样的专业性论坛能够在单独的一个领域里进行板块的划分设置，对其进行有针对性的推广，往往能够取得很好的效果。专业性论坛的典型代表如下：

1）手机之家（http://www.bbs.imobile.com.cn），如图 7-5 所示。

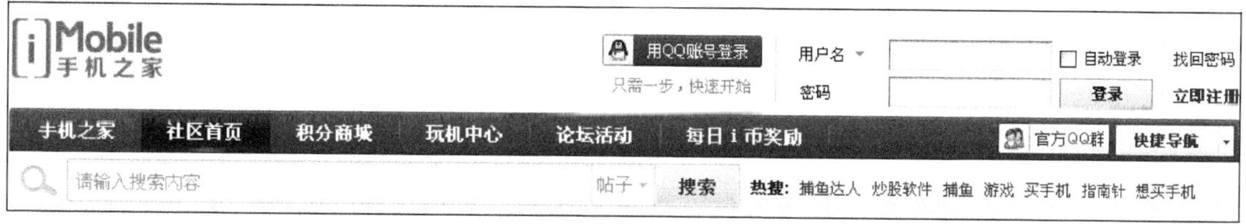

图 7-5　手机之家

2）军事论坛（http://www.junshi.xilu.com），如图 7-6 所示。

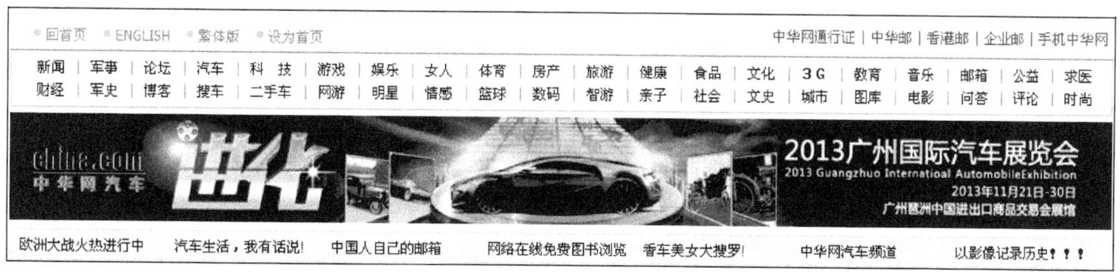

图 7-6　军事论坛

3. 地方性论坛

地方性论坛是论坛中娱乐性与互动性最强的论坛。不论是大型论坛中的地方站，还是专业的地方论坛，都有很热烈的网民反响。地方性论坛的典型代表如下：

1）19 楼（http://www.19lou.com），如图 7-7 所示。

2）武汉得意生活（http://www.deyi.com），如图 7-8 所示。

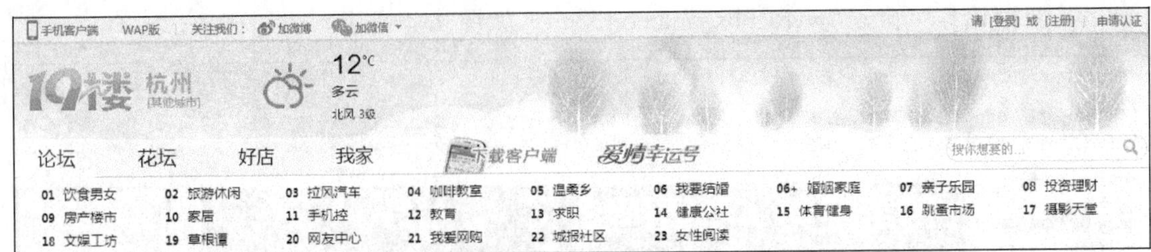

图 7-7　杭州 19 楼

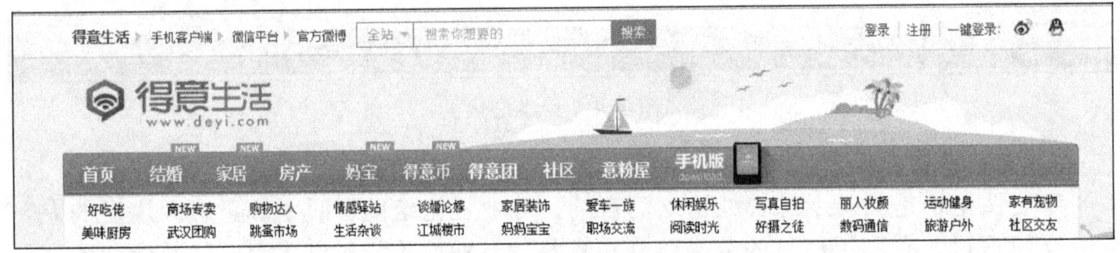

图 7-8　武汉得意生活

二、论坛营销的推广方法

案例引入

贝因美年度论坛营销

自从“三鹿”事件曝光以来，奶粉丑闻风波不断，导致国内消费者谈之色变，论坛里面关于奶粉的文章更是数不胜数，据专业论坛引擎搜索显示，一年之内奶粉相关文章的数量就达到 1450000 篇，随着奶粉的全面涨价，目前论坛中针对奶粉企业的指责也较为强烈，对于涨价事件，至少将影响两个月至半年。从论坛网友反馈分析来看，尚未针对某一品牌进行指责；相对之下，这也为许多商家提供了契机。

除危机事件外，论坛中仍然有众多关于奶粉的帖子，其主要的话题集中在以下几个方面：

1）询问、求助，对于奶粉的选择问题。

2）分享，对于宝宝成长及护理层面的奶粉选择。

3）疑问，对于使用的某些品牌奶粉的疑问。

4）点评，具有针对性且专业的对某些品牌奶粉的点评。

其中，对提及的奶粉品牌进行统计，国际品牌中的安满、美赞臣、多美滋与国内品牌中的优博、伊利在论坛中出现较多。

通过查询发现，上述品牌普遍缺少系统的论坛传播，出现最多的是网友的求助信息，由于缺少积极引导，导致论坛上信息比较繁杂，褒贬不一，贝因美因此顺势而为。

贝因美对消费者心理进行分析，大多数消费者都是看品牌、价格、成分，很少关注奶源，于是贝因美决定以这个为切入口制造话题。奶源不了解就敢买奶粉？！于是，以“选奶粉，我看重奶源！”“选奶粉应该参考哪些方面啊？”“全球奶源知多少”“走进北纬 45° ‘中国奶牛之乡——冠军牧场’”“‘冠军宝贝’奶粉奶源品质如何？”的系列帖子在各大论坛迅速铺开。同时，贝因美也加强了“冠军宝贝奶粉”活动的攻势，双管齐下。在活动中期，贝因美与天涯论坛、红孩子论坛、新浪等权威论坛和网站合作，进行用户最青睐的婴儿奶粉评比，贝因美在排名中进入前三，是其中唯一的国产品牌，同时借助评比事件进行有效的论坛传播。

活动后期，贝因美还进行了论坛口碑管理和论坛监测，对网民进行有意识的引导，起到了相当显著的效果。

➘ 思考分析

贝因美奶粉如何利用论坛产生营销效果？

➘ 参考结论

在进行论坛营销时，发布消息要注意两点：论坛传播较为特殊，主题中涵盖产品信息时会比较容易被删帖，而活动事件的传播更易为用户所接受；论坛中充斥着大量的文字信息，话题不易突出，而活动性内容较易突出，形成焦点。

贝因美聪明之处在于充分利用这两点：巧妙设计题目和文章，借助活动建立用户关注点，借助大众感兴趣的内容形成广泛关注；活动传播中运用贴图、争议性话题等内容，保持文章的关注度和网友的参与热情。最终贝因美的营销以完满的效果告一段落。

论坛推广是利用论坛的超高人气有效地为企业提供营销传播服务的。由于论坛话题的开放性，几乎企业所有的营销诉求都可以通过论坛传播得到有效的实现。论坛活动具有强大的聚众能力，利用论坛作为平台举办各类踩楼、灌水、贴图、视频等活动，调动网友与品牌之间的互动。

1. 筛选人气论坛

论坛的人气是决定帖子曝光度的首要因素。目标论坛不一定越多越好，要量力而行，视企业自身的人力、物力而定。否则，太多的论坛反而使企业应付不过来。选择论坛，最关键的是用户群要精准，如选取一些相关行业、相关爱好的论坛。这样做推广的效果要更好一些。

2. 注册论坛账号

多数论坛的功能大同小异，基本都具有整合 QQ 一键登录功能。所以在注册时可以以 QQ 进行快速登录和绑定。用不同的 QQ 多注册一些，此种方法可以养号赚积分，又可以对自己发布的文章进行互相点评和加分。

3. 论坛个性签名

论坛签名是增加曝光率的较佳途径，利用好个性签名也是推广的重点。主要的几种个性签名方式有：

（1）文本签名档 文本签名档不允许放网址，仅允许放文字。

（2）图片签名档 做企业宣传时尽量使用图片，较文本签名档来讲，图片会更有吸引力，使人印象更深刻。

（3）链接签名档 在签名档内加链接。

需要注意的是，个性签名根据每一个论坛的不同级别是有功能限制的，有的论坛的等级和积分不够是暂时无法设置的。

4．帖子软文书写

帖子是论坛推广的重中之重，软文的写作一定要兼顾搜索引擎和用户体验两个方面。不能为了发帖而发帖，帖子最好为原创，可读性强。

5．掌握发帖时间

合适的发帖时间是受关注的前提，以下是根据网友习惯总结的发帖应考虑的几个关键点：

（1）发帖最佳的时间段　周一至周五 8:30—11:30、14:00—17:00、19:00—22:30。

（2）百度蜘蛛爬行时间（仅供参考）　具体如下：

第一次：4:00—5:00，20:00—24:00 增加的内容本次会收录，如果没有新内容，快照将停止在昨天或更早时间。

第二次：8:00—9:00，此次更新会把凌晨抓取的新内容放出来，而且会再次抓取新内容。

第三次：13:00 左右，此次更新是调整前两次的错误，如果收录错误或紊乱的话，这次之后会调整正常。

第四次：16:00—17:00，抓取新内容，因此下午更新网站对第二天的收录数量有影响。

第五次：23:00，此次调整错乱情况。

（3）百度大更新时间　周五前后（周四晚上至周五晚上）是百度大更新的时间，收录的比例比平时增加 20%左右。

6．积极参与互动

（1）积极回帖　发布的帖子最好每隔 15 分钟或每隔 3～5 个人评论就要把帖子顶上去，以提升人气，可采用引用楼上的评论进行回复。

（2）踊跃顶帖　在回帖中添加适当的外链。一般论坛中的帖子在百度收录周期的生命力既快又短，可能被秒收，但一周之后就被删除。所以，选择顶帖时最好选一周内发布的帖子，因为搜索引擎喜新厌旧，偏好新鲜的东西。

（3）论坛活动　根据不同论坛的特点发起一些活动，如投票、踢楼、悬赏和问答等。

（4）邀请好友　帖子发完之后，最好第一时间就邀请论坛好友或 QQ 好友参与话题，以增加文章的浏览量和给予好评。

（5）百度分享　每一个论坛之中都安装了百度分享插件，可以通过百度分享把文章传递到站外，如 QQ 空间和微博等，可以让更多人参与到主题当中。

想做好论坛营销，首先要分析传播的目标用户群体的习惯与活动范围和区域，然后通过精心策划符合网友喜好的论坛推广事件或活动来积累论坛相关人脉资源，以对开展论坛推广提供支持。同时，企业要注意做好统计分析，以及分析推广的成功与失败之处，并加以改进。

三、论坛营销文案形式

论坛营销文案的主要目的是推销产品。一篇论坛帖子或文章由文字与图片组成，当然也会有视频、音频、Flash之类的元素。由于网络人群的特殊环境，文案的可读性要强，同时能够引起关注者的兴趣为最佳。常见的论坛营销文案形式有：

1. 事件式

事件式是指利用社会热点和网络热点来吸引人眼球，从而赚取高点击和转载率。

2. 亲历式

利用第三者的身份讲述身边朋友真实的生活故事和体验效果的文章。

3. 解密式

以专业的态度或个人独特的见解对产品进行客观解剖分析，能够满足网友的片面性观点，能让受众从多个角度认识以往接触的信息。

4. 求助式

阐述事情经历，直接提出问题，求得大家帮助，内容中自然地植入产品名称。

5. 分享式

以快乐分享为主，分享体验效果，能够给网友一定的信息价值。

6. 幽默式

以轻松、搞笑、有趣的方式表达，能够给网友带来会心一笑。例如，2012年的病毒营销事件“杜甫很忙”，让网友在参与改图的过程中获得乐趣，也让围观的网友记忆深刻。

模块二

论坛营销推广方法执行

通过上一模块的学习，我们了解到论坛营销就是“企业利用论坛这种网络交流的平台，通过文字、图片、视频等方式发布企业的产品和服务的信息，从而让目标客户更加深刻地了解企业的产品和服务，最终达到宣传企业的品牌、加深市场认知度目的的网络营销活动”。在本模块中，我们将学习到论坛营销推广的方式方法，以及具体的操作步骤与应用，最终将论坛营销落实在网络营销推广方法中。

论坛营销的策划操作

分析指南

论坛营销是指通过各大论坛为商家、个人等创造价值而执行的一种营销方式。论坛营销方式注重话题的确定与实施、网友之间的互动、宣传的准确定位，论坛超高的人气使得营销呈现一种多方关注的效果，也使得好的论坛营销呈现几何形扩大的局势。因此，营销效果尤为显著。理论的学习是对论坛营销方法与技巧的掌握，只有掌握了论坛营销的具体操作部分，才是对论坛营销的深入理解。论坛营销重在对话题的设置及参与者的引导，具体的策划步骤如图 7-9 所示。

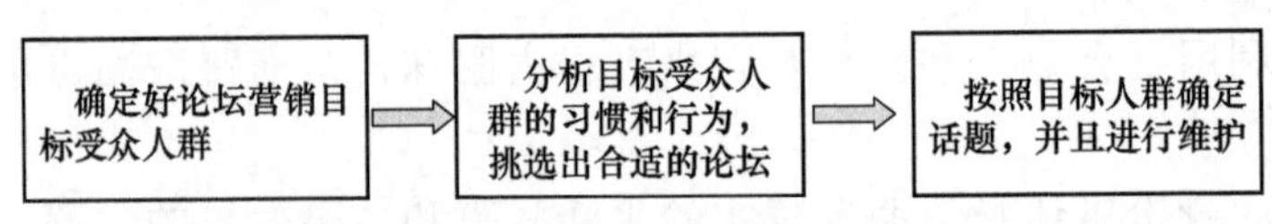

图 7-9 论坛营销的策划步骤

操作记录

任务：完成论坛营销活动策划表的填写。

目的：通过论坛活动的策划了解论坛营销的活动策划流程。

内容：论坛话题的确定、目标人群的选择、目标论坛的选择、话题的维护与传播等基本内容。

要求：通过表 7-1 的项目将论坛营销策划的流程学习一遍。

参考：通过确定论坛营销的目标受众人群，对论坛进行选择，通过发布论坛营销话题、围帖、顶帖对帖子的活跃度进行维护，能进行合适的话题策划与时间、计划、人员的安排。

表 7-1 论坛营销活动策划表

序号	流程	内容
1	确定论坛营销的话题	
2	目标人群的选择	
3	寻找目标人群出现的论坛	
4	发布话题的时机	
5	维护话题的人员准备与时间准备	

论坛营销操作

本模块以得意生活网为例。武汉得意生活网是典型的武汉生活消费类社区网站，该网站围绕消费分享、产品定位和武汉消费等内容展开话题，是武汉本地开展经营业务的企业进行论坛营销推广的优质平台。

操作指南

步骤一：注册得意生活网站账号，并根据论坛营销推广方法设置营销型网站账号，包含账号名、账号头像和个性签名设置等（由于论坛营销最好是多个论坛账号一起进行，因此可以选择团队合作，也可以自己多准备几个小号），并完成表 7-2 的填写。

表 7-2 论坛营销的账号准备工作

序号	账号名	个性签名
1		
2		
3		
4		
5		
6		
7		
8		

步骤二：从网站品牌、产品和服务中任选一个主题，根据论坛营销标题撰写一系列的营销型论坛标题，将设计好的内容填入表 7-3。

表 7-3 论坛营销计划标题

序号	关键词	标题策划	标题撰写
例	生鲜农产品	故事性开头	第一次网购生鲜农产品的经历
例	生鲜农产品	名人策略	褚时健与他的“励志橙”
1			
2			
3			
4			
5			
6			
7			
8			

步骤三：选定表 7-3 中的一个或多个营销型论坛主题与标题，撰写营销型论坛软文并发布。

步骤四：对发布的论坛软文进行顶帖回复，促使帖子成为精华帖或火帖。

操作记录

论坛是以主题为核心的，所有的内容都是按照主题分类，用户首先需要选择一个喜欢的主题，然后发表见解展开讨论。可以简单理解为，论坛就像是流水线式生产，呈现出来的是一条条生产各种零件的产品线，其浏览量是相当大的。因此，论坛营销对于企业的网络营销推广效果也是非常明显的。

任务：完成论坛营销推广。

目的：在完成论坛营销推广策划操作的基础上，了解论坛营销运作的基本规律。

内容：填写论坛营销推广操作记录表。

要求：在进行论坛营销时，深入思考论坛营销的内容性文案的写法、营销广告的植入，以及如何进行顶帖操作。完整地将论坛营销流程操作一遍，同时完成表 7-4 的填写。

表 7-4 论坛营销推广操作记录表

项目	使用流程记载
论坛的选择	
论坛的多个账号注册	
论坛营销的主题确定	
根据营销主题确定内容并撰写标题	
选定标题撰写营销性软文	
对已经发布的帖子进行顶帖回复	

知识延展

如何利用数据分析选择合适的论坛做推广

（1）论坛的选择 选择与产品相关的论坛，利用搜索引擎对与产品相关的关键词进行搜索，对搜索到论坛进行归属分类。如果论坛主体内容与关键词相关，则表示该论坛是符合条件的。

（2）对论坛进行数据分析，看是否适合推广 首先，看论坛适不适合推广，最重要的是看论坛的流量。我们可以利用站长工具对论坛进行 SEO 数据综合查询，推荐使用 Chinaz 站长工具，也可以使用爱站等其他查询工具。相关的操作可以在百度上搜索学习。其次，查看网站流量和网站权重。综合分析，流量高的选择，流量低但权重较好的也选择，无流量且无权重的抛弃。最后，查看网站关键词库。分析网站关键词库中与自己所推产品关键词有没有关联性，以及流量指向。如果关键词是指向板块的，那么该板块可以作为营销推广的板块；如果是指向帖子文章的，那么我们可以利用回复功能或点评功能等方式留下自己的推广链接或广告即可。

事实上，数据有时候也不够准确，有时候利用工具查询的方法并不可靠。例如，一些专业性的论坛或某个关键词的论坛，利用工具可能看到的数据并不那么好，那么这个时候我们就要分析论坛的在线人数和论坛的发帖详情。在查看在线人数的时候，可能要观察多次，因为在线数据也容易作假，很多没流量的论坛通常会作假显示超高在线人数来吸引广告商投放广告和用户发帖等，这个就需要我们进行理性的分析。

项目评价

根据实际操作情况填写论坛营销操作综合评价表，见表 7-5。

表 7-5　论坛营销操作综合评价表

评价项目	分值/分	自我评价	小组评价	教师评价	标准
能选择合适的营销论坛	10				熟练掌握：85～100 分 基本掌握：75～84 分 部分掌握：60～74 分 没有掌握：60 分以下
能进行论坛营销的策划	10				
能进行论坛营销的关键词确定	10				
能根据关键词设计标题	10				
能设计多种不同类型的关键词标题	10				
能撰写高质量的营销性软文	10				
能进行回复和引用别人的主帖或者回帖	10				
能进行论坛营销的团队协作	10				
能长时间地维护帖子并进行顶帖和回帖	10				
能成为精华帖或火帖	10				
合计	100				

课后练习

一、**判断题**（正确的打“√”，错误的打“×”）

1. 论坛营销的主要工作是制作好的话题。（　　）
2. 论坛营销可以单人操作也可以团队进行。（　　）
3. 好的论坛营销工作是一个周密而严谨的计划过程。（　　）
4. 百度贴吧属于论坛营销的一种。（　　）
5. 论坛营销最重要的是对话题的维护与传播，用以达到品牌宣传的目的。（　　）

二、**多项选择题**

1. 根据论坛的专业形式不同，论坛可以分为（　　　）。

A．综合性论坛　　B．专业性论坛

C．地方性论坛　　D．品牌性论坛

2．以下的论坛中，（　　　）是综合性论坛。

A．驴友之家　　B．天涯 BBS

C．武汉得意生活　　D．搜狐论坛

3．为契合百度蜘蛛的爬行时间，论坛营销最佳的发帖时间段为（　　　）。

A．8:30—11:30　　B．11:00—15:00

C．14:00—17:00　　D．19:00—22:30

4．论坛个性签名有（　　　）。

A．文本签名档　　B．成长记录

C．图片签名档　　D．链接签名档

5．论坛文案形式有（　　　）。

A．事件式　　B．求助式

C．解密式　　D．幽默式

三、问答题

1．简述论坛营销推广的应用。

2．想做好论坛营销，需要思考哪些问题？

3．简述论坛营销推广方法。

4．简述论坛营销的分类。

5．如果进行论坛营销与其他推广方式的组合，你会如何做？

项目八

许可邮件营销

项目概述

许可邮件营销也称授权式电子邮件营销，“许可邮件”顾名思义就是经过允许的，被认可的，被认证授权的电子邮件营销，在多数情况下，许可代表着你的邮件获得来源是经过客户允许的，如客户通过 RSS 订阅获得你的信息内容，你获得了客户的电子邮箱，这就默认为是一种许可，允许你对客户的电子邮箱发送相关的有价值的信息。

项目导入

电子邮件是商家与用户进行交流的有效方式，同时邮件营销也广泛应用于网络营销领域。邮件营销之所以效果出众，最重要的原因是邮件的表现力和内容整合能力很强。它利用具有丰富内容的信息，在用户之间传播扩散，从而达到营销目的。只要有邮件服务器与地址，联系十个用户与联系成千上万个用户，在成本上几乎没什么区别，因而受到许多企业的青睐。邮件营销的重点是获得基于用户许可的邮件地址，发送对用户有价值的信息，通过邮件传递信息。本章旨在详细介绍邮件营销有关的知识与技巧，其中邮件营销的概述与流程只需要简单了解，对于邮件营销内容策划与执行是需要大家重点掌握的内容。

模块一

理论知识：许可邮件营销概述

许可邮件营销是利用电子邮件与受众客户进行商业交流的一种直销方式。本模块对许可邮件营销的定义、优势和基本因素等都做了简单的介绍，力求使大家对许可邮件营销具有初步认识。

案例引入

Jack&Jones 经典 EDM 邮件营销案例

这是一个具有独特大胆创意的推广活动，一个为时尚男士服装品牌 Jack&Jones 带来广泛反响的推广活动。截至活动结束的时候，目标消费人群（男性，年龄介于 22～30 岁，居住在北京）中有 47%打开了 Jack&Jones 的推广信息邮件。比点击更有说服力的是，数百名消费者对邮件的回应是实地前往了指定的专卖店并实现了购买。

Jack&Jones 是怎样通过基于许可的电子邮件这个媒体实现品牌推广和带来回应的呢？这和邮件的标题有着莫大的关系。

1. 测试邮件标题

在活动正式开始之前 15 天，发出的第一封 HTML 格式邮件的标题是“跟女人没有关系”。就是这封邮件在活动期间，在目标消费群中带来了高达 47%的回应率，高居回应率榜首。

2. 邮件创意：用他的脑袋

一打开邮件，闯入大家眼帘的是一个叫 Larry 的人光光的后脑勺。脑袋旁边的文字注解是：“嗨，哥们儿！不用剃光头，你也可以像我那么酷！我回头告诉你！”（结果有 6000 个人想知道答案。）

单击后出现邮件的下一个画面，Larry 转过头来，向消费者讲解了有关活动的详情，告诉他们可以在指定的时间和专卖店找到他，并享受一个特别优惠的价格。此外，为了更好地达到跟踪的目的，Jack&Jones 在活动中还设立了一个密码，只要每个到现场的消费者说出“Jack&Jones”就算通过。然后 Jack&Jones 在邮件里面设立了一个传递邮件的功能，使用户可以将邮件和有共同兴趣的朋友分享（有超过 600 人传递给了朋友）。

3. 提醒邮件

为了可以尽善尽美地发挥电子邮件这个媒体的优势，Jack&Jones 希望可以通过再次接触提醒感兴趣的用户。活动开始前 3 天，Jack&Jones 向曾经打开过第一封邮件的用户发出第二封邮件。这次的创意还是沿用了上封邮件的 Larry 光头，但这次他只是从邮件页面走过，好像在催促大家见面时间快到了，千万不要错过这个机会啊！

4. 线下活动内容

在活动当天，当 Larry 比预定提前一小时到达现场的时候，就已经有慕名前来的用户守候在那里了。在接下来的三个小时里，Larry 亲身见证了消费者是如何对一封设计合理且基于许可的 HTML 格式的邮件做出回应的：他一直都在应接不暇地接待着他们。在这三个小时里，Jack&Jones 平均每两分钟售出一件 Polo 衬衣。

思考分析

什么是许可邮件营销？许可邮件营销中包含哪些内容？

参考结论

许可邮件营销是指把文本、HTML 文件或多媒体信息发送到用户的电子邮箱，通过电子邮件的方式向目标用户传递有价值的信息的一种网络营销手段，以达到企业的营销目的。许可邮件营销包括对邮件目标的思考、邮件主题的设计和邮件营销目标人群的分析等，同时还包括需要收集目标人群的邮箱地址、邮件营销的主题及内容等诸多要素。

一、许可邮件营销基础

（一）许可邮件营销的概念

许可邮件营销是指在用户事先许可的前提下，把文本、HTML 文件或多媒体信息发送到用户的电子邮箱，通过电子邮件的方式向目标用户传递有价值信息的一种网络营销手段，以达到企业营销目的。具体来说就是在电子邮件平台上发布电子信息，该平台专门用于：使用户认识某一品牌；使用户形成对某一产品或服务的兴趣或偏好；使用户能与广告方取得联系，获取信息或购买产品、服务；管理客户关系或实现其他相关的营销目标。

（二）许可邮件营销的优势

许可邮件营销之所以能够从 20 世纪 90 年代中期诞生以来迅速成为网络营销常用方法之一，正是因为其具有以下优势：

1. 渗透率高

许可邮件营销之所以在过去的几年中呈爆炸性增长，最为根本的原因在于邮件作为一种简便可靠的网络应用方式，伴随着互联网在全球的迅猛发展，已经成为现代人类所普遍采用的日常通信手段。尤其是近年来手机上网的兴起，意味着人们可以随时随地传送邮件，这就使得营销人员通过邮件接触大范围顾客群体成为现实，极大地提升了邮件的营销价值。

2. 方便快捷

相对于传统的印刷媒介，邮件作为一种传播媒介具有很大的速度优势。邮件可以通过互联网在瞬间传遍全球，基本上实现了信息传输的即时性。在一定的条件下，营销人员可以迅速拟订一封营销邮件，并即时发送到目标顾客的邮箱中，而目标顾客也可以在阅读之后方便快捷地将信息反馈给企业。

3. 成本低廉

由于许可邮件营销无须印刷或邮寄费用，因此单位信息成本比邮寄纸张要少得多。低廉的成本不仅适合于营销预算有限的中小型企业，而且吸引了很多追求效益最大化的大型企业。

4. 表达灵活

由于邮件所具备的技术特征，使得许可邮件营销可以通过邮件传递诸如文字、图表、动画等多种形式的信息，不仅内容丰富、形式多样，而且制作方便、成本低廉，这些都是信件、广播等传统媒介所无法企及的。

5. 沟通良好

正是由于邮件具有迅速传播和易于反馈的特性，使得许可邮件营销成为营销人员与目标顾客进行交流的有力工具，双方可以直接进行虚拟对话，增加相互之间的了解，进而维持良好的合作关系。

二、许可邮件营销推广流程

（一）明确许可邮件营销的目的

在进行许可邮件营销时，企业需要根据不同的客户群体来制订不同的许可邮件营销方案。总体来说，许可邮件营销的目的一般有四种：

1. 开发新客户

许可邮件营销的一个主要目的就是开发新用户，邮件内容主要以公司产品优势和公司的优惠政策为主。

2. 产品直销

未来公司要建设网店，以产品直销为目的的邮件主要以销售产品为主。

3. 售后服务

对于目的为售后服务的邮件，企业定期可以发送一些邮件给老客户做回访。

4. 活动邀请

企业可以定期举办一些活动，可以通过邮件邀请客户参与。

（二）设计邮件的主题与主要表达形式

明确许可邮件营销的目的后，需要设计邮件的主题与内容，并且选择合适的表达方式。根据目标人群的定位来制作相应主题的邮件，邮件页面色彩、图片的选择由平面设计人员来协助。

（三）规则邮件内容

许可邮件营销并不是简单地把一封广告信发送到用户邮箱里，邮件内容的好坏直接影响到许可邮件营销的最终结果，一个好的邮件内容能吸引用户看下去，接受所宣传的内容，通过丰富的内容加深对企业的认识和理解，增加用户对公司或品牌的认知，进而增加忠诚度。邮件所承载的不仅仅是吸引用户打开，而是通过用户阅读完成到达网站页面转化的行为，或者是点击进入页面，或者是注册，或者是购买等行为。

根据邮件的主题和不同人群的特点设计好平面图，选择合适的 HTML 模板，或是自己通过 HTML 编辑器设计邮件内容，形成最终的邮件页面。

（四）邮箱地址的收集与发送

根据邮件的主题和不同人群的特点，通过线上、线下多渠道收集目标人群的邮箱地址，并将邮件列表进行分组，这样有助于降低企业的营销成本，提高营销效果，以及降低垃圾邮件的概率，增加成功率。

（五）效果监测及分析

邮件打开率和阅读率才真正代表邮件信息展现在用户面前的比例。当然，如果进行更仔细的分析，这样得出的邮件打开率并不一定能代表用户真的认真阅读了邮件内容。很有可能用户打开邮件只看了两秒钟就去看另外一个邮件了。用户真正仔细阅读邮件内容的次数是无法计算的，至少目前还没有方法能统计。

另外一个不精确的地方是，如果用户选择订阅纯文本格式邮件，或者他的邮件客户端因为某种原因只能显示成纯文字版本，这样的阅读次数从技术上没有办法进行统计。好在现在所有的邮件客户端及免费 Web 邮件都支持 HTML 邮件，除非用户特意设置成只阅读纯文字版本。

三、许可邮件营销内容策划与执行

（一）许可邮件内容的规划原则

邮件的总原则是为用户着想，对用户有用。除此之外，邮件在规划上还要注意以下几点：

1. 内容的系统性

内容的风格要统一，使用统一的字体和统一的版式等，这也是企业品牌的一个外在表现。许可邮件营销是培养用户的忠诚感和信任度的，所以内容风格统一会让用户在心理上产生安全感。

2. 邮件内容来源的稳定性

邮件内容来源的稳定性就是指定期发送。一个成熟的许可邮件营销计划是必须确定好邮件的发送频率的，并且应严格执行，千万不要突然给用户连续发几封邮件又好几个月没有新消息，这对公司和网站没有任何好处，只会让用户反感。最好每月一次或每周一次，这样用户既不会感到烦躁，也不会忘记这个网站。建立固定的收录邮件的心理预期，对留住用户、建立信任度非常重要。

3. 邮件内容精简性

邮件内容不要太复杂，用最简练的内容表达最详尽的意思。许多用户在浏览邮件时都是一目十行，只寻找对自己有价值的东西，因此，邮件只有几秒钟时间来决定是否吸引用户注意力。千篇一律的广告邮件只能让人更加反感，因此，个性化的邮件内容更容易让客户接受。

4. 邮件内容灵活性

适当地对内容进行改变。邮件内容首先要与用户相关，应是用户感兴趣的或是对用户有价值的，随着时间的推移，由于用户知识的积累和兴趣的转移，也许当初适合他的内容已经不再有价值，他就会退订，因此，需要企业及时对用户的需求或兴趣进行更新，适时地更新内容。

（二）内容设计类型

1. 产品介绍类（公司新产品发布或旧产品升级）

产品介绍类邮件着重强调产品特性，能给用户带来新的服务及产品价格等，如图 8-1 所示。

图 8-1　产品介绍类邮件案例

2. 促销类（节假日、纪念日）

促销类邮件一般是对节假日或企业、网站的周年纪念日等进行促销打折活动的宣传。这类邮件着重强调价格，能给用户带来实惠，如图 8-2 所示。

图 8-2　促销类邮件案例

3. 事件营销类

事件营销类邮件要和热点事件相结合。这类邮件着重强调社会传播力，通过热点事件提高打开率，增加曝光度，如图 8-3 所示。

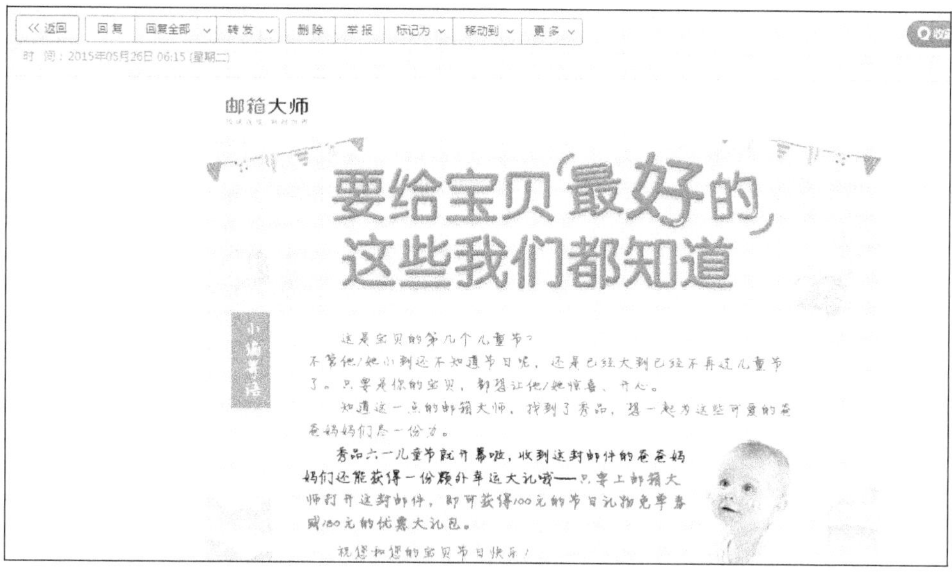

图 8-3 事件营销类邮件案例

4. 召唤类

召唤类邮件的内容多是各种活动，如开心网和人人网等邀请邮件，如图 8-4 所示。这类邮件一般是除了价格因素的其他因素所产生的转化，如注册成为会员等。

图 8-4 召唤类邮件案例

5. 内容类

内容类邮件是指纯资讯类的邮件，着重强调的是根据目标用户的阅读习惯来设计邮件内容。资讯类网站通常利用内容类邮件，给用户带去更新的信息。内容设计类型众多，要具体情况具体分析，充分地从用户的角度考虑，才能设计出最适合用户的邮件，如图8-5所示。

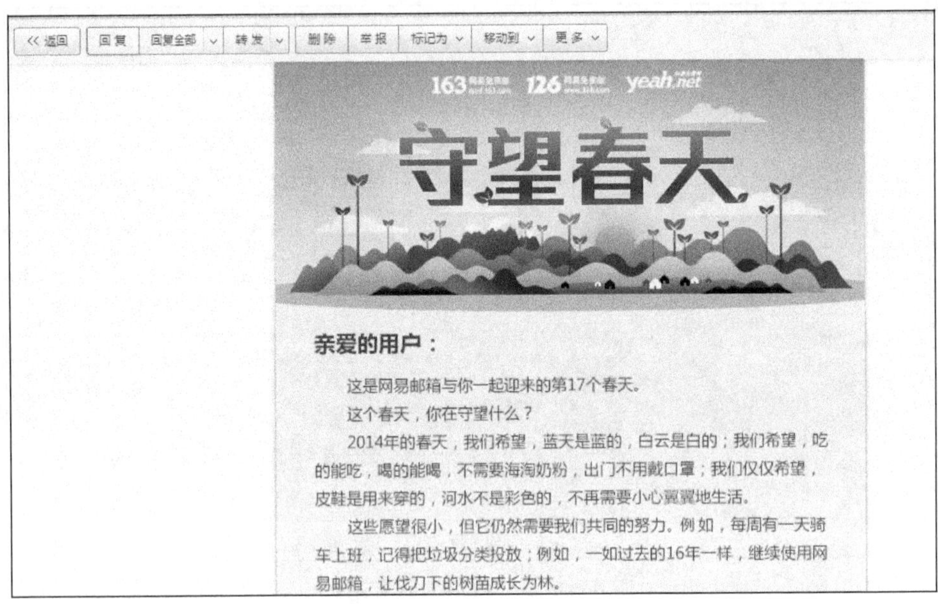

图 8-5 内容类邮件案例

（三）邮件内容撰写注意事项

1. 及时回复

在收到邮件的时候，要养成顺手回复的习惯，即使是“谢谢，来信已经收到”，也会起到良好的沟通效果。通常邮件应该在一个工作日之内回复客户，如果碰到比较复杂的问题，要一段时间才能准确答复客户，也要简单回复一下，说明情况。实在没有时间回复时，可以采用自动回复邮件的方式。

2. 避免无目标投递

不采用群发的形式向大量陌生的邮箱地址投递广告，这样不但收效甚微，而且会变为垃圾邮件，损害公司形象。

3. 尊重客户

不要向同一个邮箱地址发送多封同样内容的信件，当对方直接或间接地拒绝接受邮件的时候，绝对不可以再向对方发送广告信件，要尊重对方。

4. 内容要言简意赅

客户时间宝贵，所以信件要言简意赅，充分吸引客户的兴趣，长篇累牍会使客户放弃阅读你的邮件。所以，在发送前一定要仔细检查邮件内容，语句要通顺，没有错别字。

5. 附上联系方式

信件一定要有签名并附上电话号码，以免客户需要找人协助时不知如何联络。

6. 尊重隐私权

征得客户首肯前，不得转发或出售发信人名单与客户背景。

7. 坦承错误

若未能立即回复客户的询问或寄错信件，要主动坦承错误并致歉，不能以没有收到邮件做借口，弄巧成拙，不但无法吸引客户上门，反而把客户拒之门外。

模块二

许可邮件营销操作

本模块主要介绍了许可邮件营销的两个主要操作步骤：第一部分为获取目标人群的电子邮箱地址，第二部分为许可邮件营销主题的表现、内容策划和表现形式的设计方法。在实际操作中，根据具体情况进行内容调整。

通过本项目的训练，要求学生深入理解许可邮件营销的相关知识，了解许可邮件营销的具体流程，掌握许可邮件营销的内容策划与技巧。

许可邮件营销的策划操作

分析指南

许可邮件是基于用户许可订阅的邮箱地址，发送对用户有价值的信息，通过邮件传递信息。许可邮件营销的内容会随着时间的推移而发生变化，因此，许可邮件营销的内容策略也不是一成不变的，在保证整体系统性的情况下应根据阶段营销目标进行相应调整，这也是邮件内容目标一致性的要求。具体的策划步骤如图 8-6 所示。

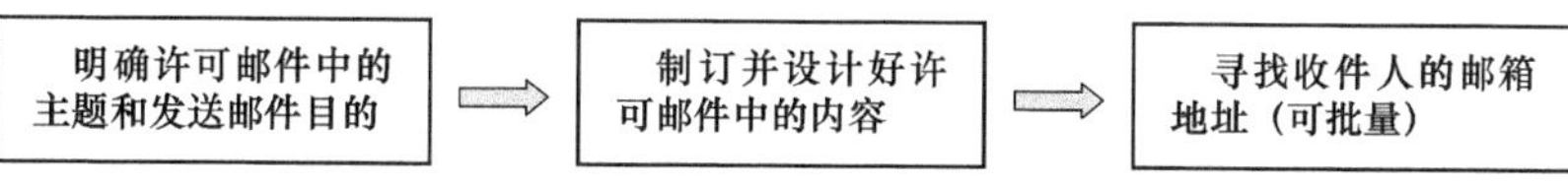

图 8-6　许可邮件营销的策划步骤

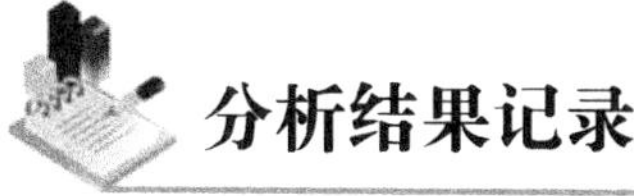

分析结果记录

任务：完成许可邮件营销活动策划表的填写。

目的：学习许可邮件营销活动的策划并记录流程。

内容：了解许可邮件的发送目的，策划并设计邮件的主要内容，并寻找收件人的地址。

要求：通过表 8-1 的项目将许可邮件营销策划的流程学习一遍。

参考：明确许可邮件营销目的之后，提取邮件收件人的特性，并寻找相关邮箱地址收集的渠道，同时能简单地描述许可邮件营销中的主要内容。

表 8-1 许可邮件营销活动策划表

序号	流程	内容
1	许可邮件营销需要达到的目的	
2	许可邮件营销的目标人群（人群细分）	
3	许可邮件营销的主要内容	

邮件内容策划与设计

操作指南

步骤一：在网络上下载 HTML 邮件模板，解压后找到后缀名为“.htm”或“.html”的网页文件，如图 8-7 所示。

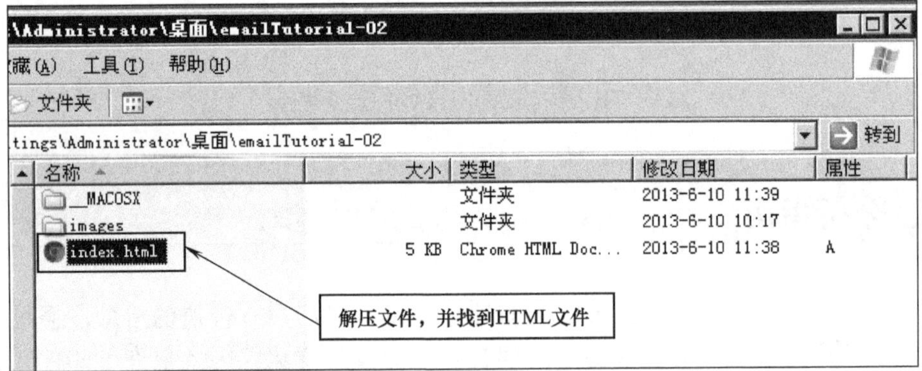

图 8-7 解压下载的 HTML 邮件模板

步骤二：使用 HTML 编辑器（如网页设计软件 Dreamweaver 或在线的 HTML 编辑器），打开该网页文件，如图 8-8 所示。

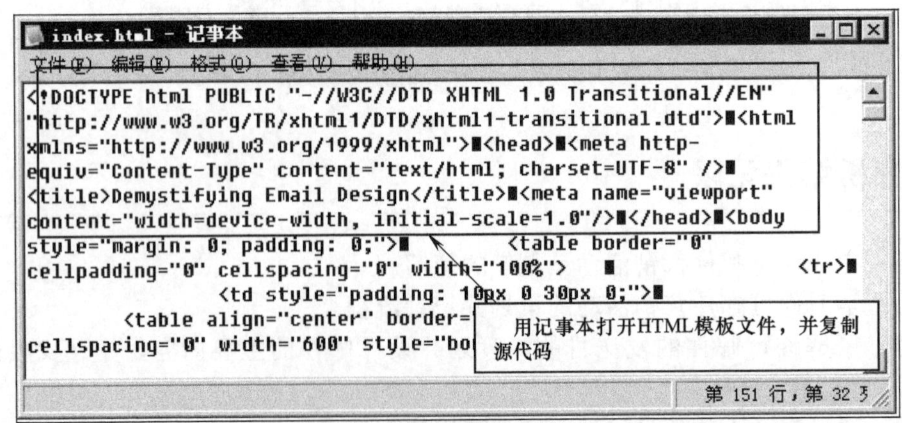

图 8-8 在记事本中打开 HTML 模板页面，查看源代码

步骤三：在 HTML 软件编辑器里面切换到 HTML 代码模式，将代码粘贴进去，如图 8-9 所示。

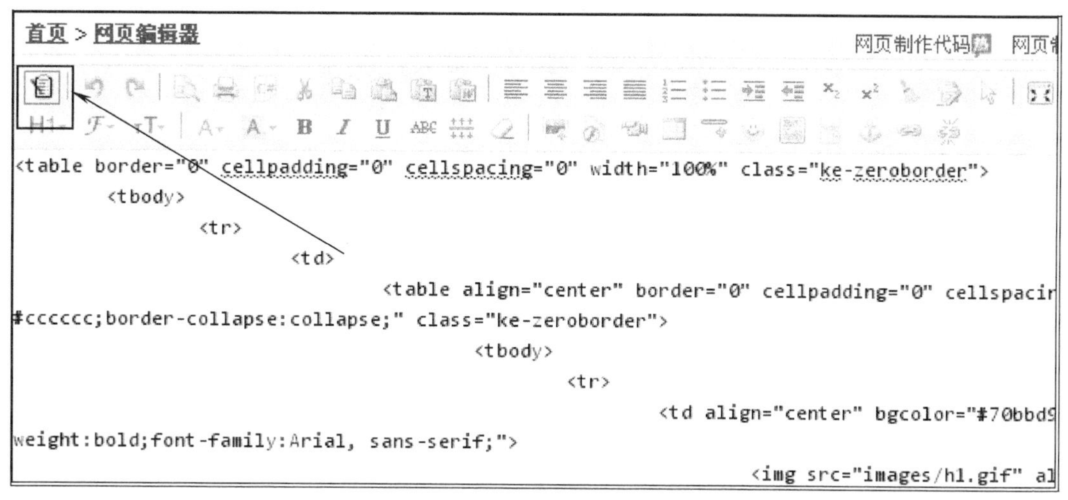

图 8-9　在 HTML 编辑器的代码视图中粘贴代码

步骤四：在实时视图里面查看效果，如图 8-10 所示。

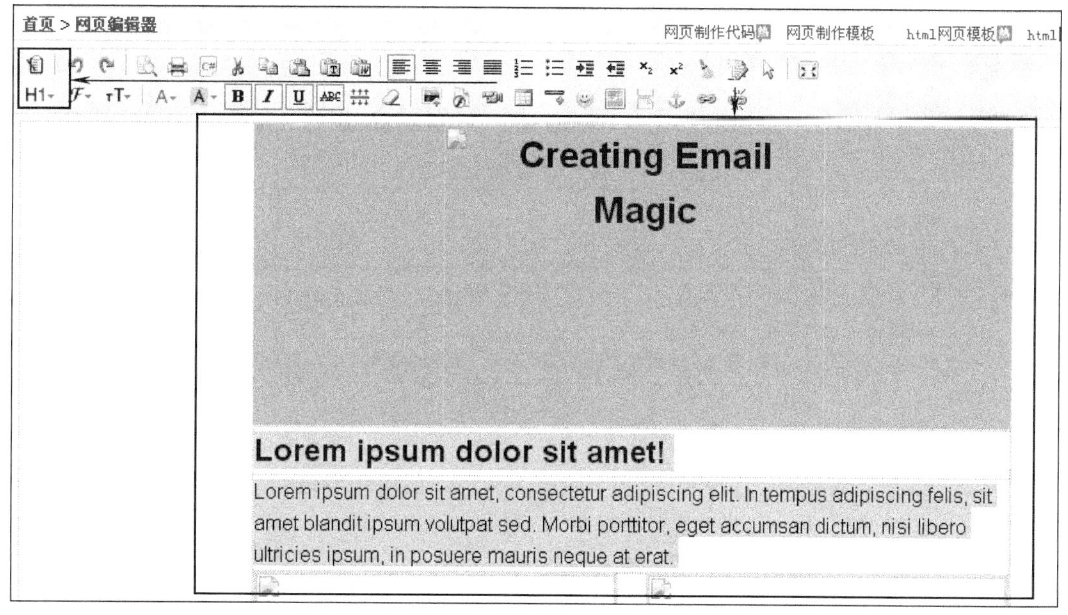

图 8-10　在实时视图中查看效果

步骤五：在可视化操作界面的文字与图片上进行替换，得到最终效果，如图 8-11 所示。

步骤六：将代码视图中的 HTML 代码复制出来，在邮箱发布正文的位置单击“格式”进入 HTML 编辑器，如图 8-12 所示。

图 8-11 修改过后的 HTML 邮件

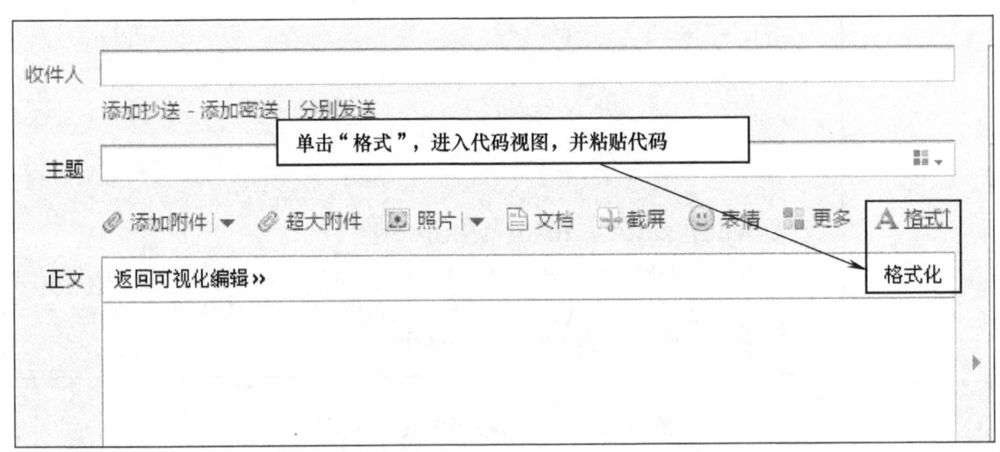

图 8-12 进入发送者的邮箱，并进入代码编辑界面

步骤七：单击“返回可视化编辑”，返回邮件的正常视图，邮件内容已经完成，如图 8-13 所示。

图 8-13　切换到可视化视图，即可查看效果

操作记录

在开展许可邮件营销时，企业都热衷于采用 HTML 电子邮件模板来撰写自己的营销内容，这是因为从视觉效果上来说，HTML 电子邮件图文并茂，不仅方便客户阅读，而且比简单的文字内容更具有表达力，一张简单的图片往往能够传递全面的信息给客户。电子邮件的模板可以使用网页设计软件进行制作，也可以在网络上下载模板进行更改，其中涉及 HTML 语言的部分在本书中不一一细讲。

任务： 完成一个 HTML 电子邮件的修改。

目的： 学会使用已有的 HTML 邮件模块修改方法。

内容： 填写使用 HTML 邮件模板设计许可营销邮件内容的操作记录表。

要求： 教师演示邮件模板设计的具体操作步骤后，单独完整操作一遍，同时完成表 8-2 的填写。

表 8-2　HTML 邮件模板设计操作记录表

流程	使用情况记载
能在网络上搜索并选择合适的 HTML 模板	
能进行模板的 HTML 编辑工作	
选择合适的图片进行填充	
设计文案并填入邮件模板	
能进行邮件的分别发送操作	

知识延展

一、邮件模板的设计要求

1）邮件宽度：目前比较流行的邮件宽度为600像素和650像素，一般认为650像素比较好。如果邮件分三栏，可以分为三个210像素的内容栏和两个10像素分隔线；如果邮件是两栏的话，可以分为两个320的内容栏和一个10像素的分隔线。这样邮件页面看上去会比较整齐美观。

2）邮件的高度：邮件的高度一般来说没有具体的要求，基本以邮件内容多少而定。但是，建议邮件的高度最好超过1200像素。冗长的网页很可能降低客户阅读邮件的兴趣，并且过多的内容也会影响主题的突出性。

3）邮件的大小：邮件正文的HTML文件大小（不包含图片或Flash）最好控制在10KB以内，图片的大小最好控制在120KB以内。这样可以缩短下载邮件的时间，并且避免客户退订邮件。

4）禁止使用脚本：

① 一般邮件不支持任何脚本语言：多数邮件客户端软件和Webmail中默认不支持任何脚本语言。

② 邮件中不能使用分帧页面和I-frame（内框架）。

5）包含Flash或流媒体格式文件的邮件设计要求：需要同时设计一张与该Flash或流媒体格式文件内容风格相同、尺寸相同的静态图片（.jpg或.gif），并且设置为Flash或流媒体格式文件所在的表格的背景图片，提示用户：该部分设计为Flash（或流媒体）格式，请点击邮件上端链接，观看在线版本。

6）禁止使用外联样式表。

7）客户应取得邮件当中所需使用的声音、图像和其他内容的版权。

二、邮件模块设计的注意事项

1）对于页面中的图片，建议将超过15KB的图片分割成小图片，以保证下载图片过程的顺畅。

2）图片个数不宜过多，建议在20个以内，gif动画文件个数控制在3个以内。

3）建议尽量少使用背景图片，复杂的背景图片不利于文字内容的浏览。

4）能够使用系统文字的地方应尽量避免使用图片文字，以减少文件大小。

5）网页上使用的中文系统文字的最小字号应保证在12像素，并且使用系统默认的宋体或黑体，避免使用其他的中文字体。

6）使用音效时，音量应从小逐渐放大到正常音量；同时应设置简单、方便的打开和关闭按钮。

7）邮件的设计重点在上半部，以吸引阅读者的注意力。

收集目标人群的邮箱地址并发送邮件

操作指南

步骤一：加入目标人群的 QQ 群，通过群主审查后，在 QQ 群的名称上单击鼠标右键，选择“访问 QQ 群空间”，如图 8-14 所示。

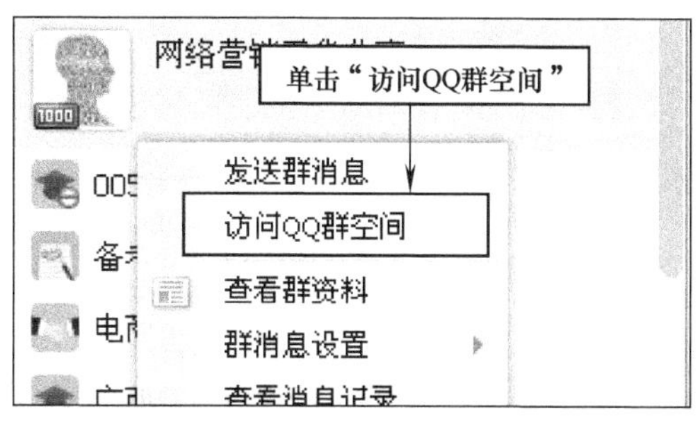

图 8-14　进入 QQ 群空间

步骤二：在 QQ 群空间内单击“我的群”，选择需要寻找邮箱地址的目标群，如图 8-15 所示。

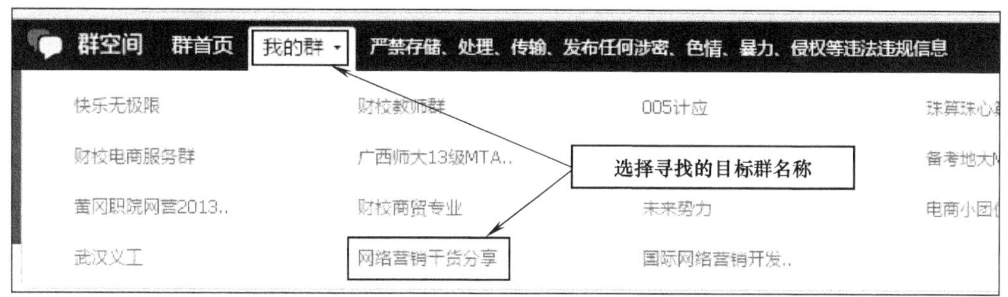

图 8-15　在 QQ 群空间内单击目标群名称

步骤三：单击右侧的“群成员”图标，如图 8-16 所示。

图 8-16　单击群成员图标

步骤四：在键盘上执行“Ctrl+A”全选操作，所有的地址都被选中，单击鼠标右键，选择“复制”，如图 8-17 所示。

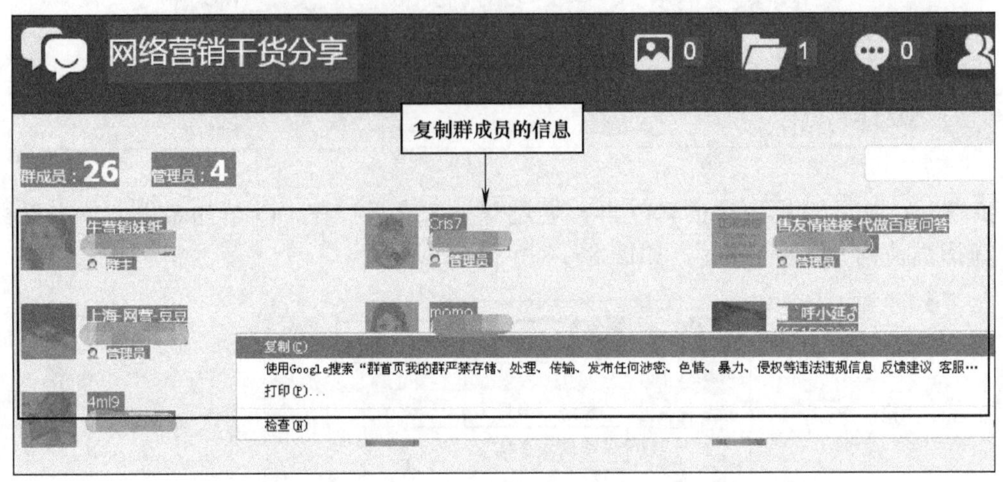

图 8-17　全选成员的名称，并选择复制

步骤五：在百度搜索首页的搜索框内输入“在线正则表达式测试”，在搜索结果中选择“在线正则表达式测试”（http://tool.oschina.net/regex），如图 8-18 所示。

图 8-18　在百度内搜索“在线正则表达式测试”

步骤六：将在群空间内复制的内容粘贴在“在线正则表达式测试”文本框内，单击右侧的“匹配腾讯 QQ 号”，在匹配结果文本框内会出现筛选过后的 QQ 号码，如图 8-19 所示。

步骤七：将已经生成好的 QQ 号码通过键盘“Ctrl+C”复制，并打开记事本，粘贴并保存起来，并在 QQ 号码的后面加上邮箱后缀“@qq.com；”，如图 8-20 所示。

步骤八：进入发送人的 QQ 邮箱，将刚才收集到的邮箱地址粘贴到邮箱的收件人位置，如图 8-21 所示。

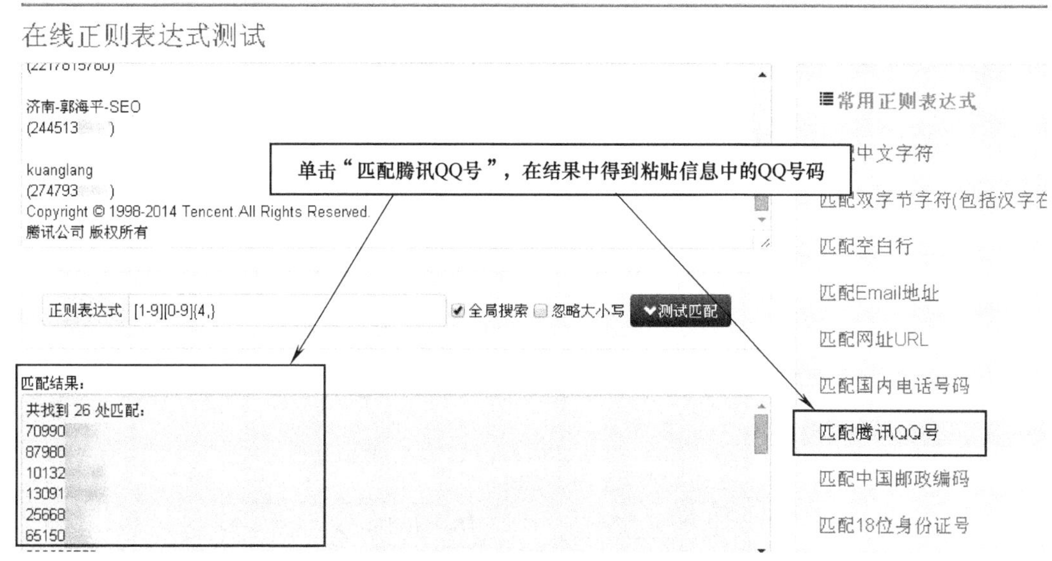

图 8-19　筛选出 QQ 号码

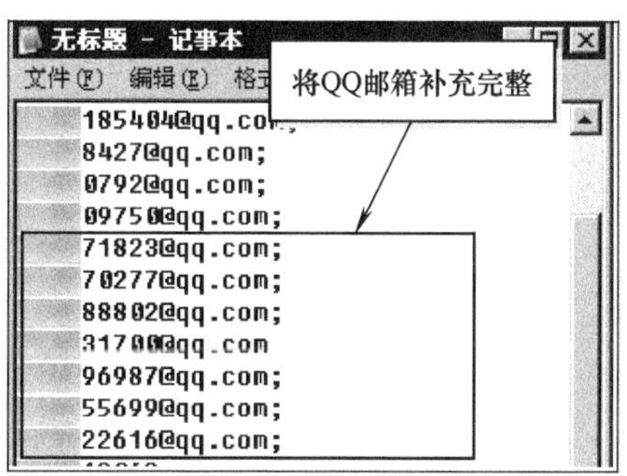

图 8-20　收集地址，并更改为符合规则的邮件地址

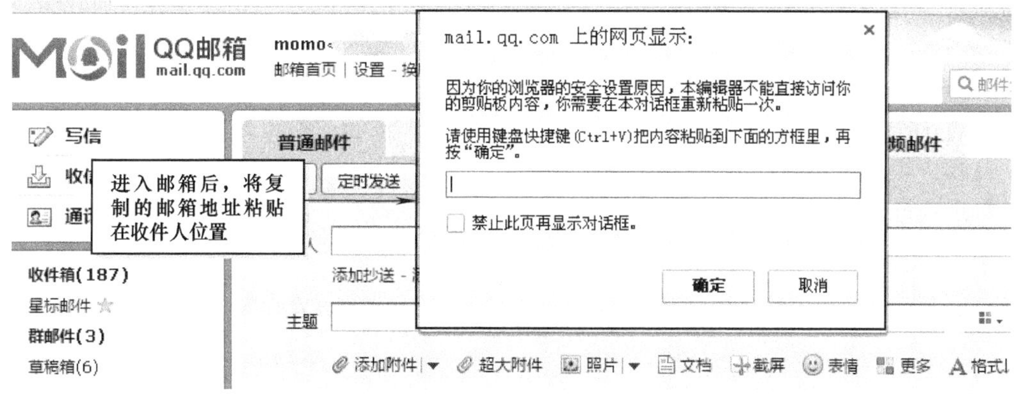

图 8-21　将需要接收邮件的地址粘贴到收件人位置

步骤九：粘贴邮箱地址后，QQ 邮箱会自动检查是否有错误的邮箱地址，以红色标注，如图 8-22 所示。

步骤十：将错误的地址更改后，填好主题与正文内容，单击收件人文本框下的"分别发送"，这样别人会收到显示为单独给他发送的邮件，邮件营销效果会更好，如图 8-23 所示。

图 8-22　核对邮箱地址，并进行更改

图 8-23　填入主题和正文后发送邮件

操作记录

QQ 邮箱和 QQ 即时通软件已成为中国网民网上通信的主要方式。QQ 群是腾讯公司推出的多人聊天交流的一个公众平台，群主在创建群以后可以邀请朋友或有共同兴趣爱好的人到群里面聊天。因此，QQ 群的特性较强，适合作为用户的邮箱地址选择。注意邮箱地址的收集不是一次性的，可以多次使用。同样，各地方的论坛和圈子也是收集邮箱地址的途径，用法相似，在本书内不一一讲解，需要同学们自己学习。

任务：完成邮箱地址的收集并发送邮件。

目的：在使用模块的过程中，学习如何使用 QQ 群进行邮箱地址的收集。

内容：填写使用 QQ 群进行许可邮件营销的操作记录表。

要求：通过教师演示许可邮件营销的具体操作步骤后，单独完整操作一遍，同时完成表 8-3 的填写。

表 8-3　使用 QQ 群进行许可邮件营销的操作记录表

流程	使用情况记载
能选择合适的目标人群 QQ 群	
会进入 QQ 群空间收集地址	
掌握在线正则表达式测试工具的使用方法	
能使用收集到的 QQ 号码扩展成邮箱地址	
能进行邮件的分别发送操作	

知识延展

QQ 群许可邮件营销的注意事项

1)QQ 号就是 QQ 邮箱，所以在发 QQ 邮件时直接键入或粘贴 QQ 号，再加“@qq.com”即可，注意用分号隔开

2）QQ 邮箱一次最多只能发送 100 封邮件，所以为了方便操作，建议把每 100 个 QQ 号保存在一个文档文件中。

3）QQ 邮箱有反垃圾邮件系统，所以不要连续发送太多，最好间隔一定的时间再发送。

4）为查看邮件是否会进入垃圾箱，可以发送时连同自己的邮箱也顺便发一封，自己收到后就知道结果了。

项目评价

根据实际操作情况填写许可邮件营销操作综合评价表，见表 8-4。

表 8-4　许可邮件营销操作综合评价表

评价项目	分值/分	自我评价	小组评价	教师评价	标准
能明确许可邮件营销的目的	10				熟练掌握：85～100 分 基本掌握：75～84 分 部分掌握：60～74 分 没有掌握：60 分以下
能分析营销目标人群	10				
能根据营销目标人群找到不同的 QQ 群	10				
能使用 QQ 邮箱收集邮箱地址	10				
能在网上下载 HTML 邮件模板	10				
能确定邮件主题	10				
能设计邮件的主要内容	10				
能通过 HTML 编辑软件修改 HTML 邮件模板	10				
能将 HTML 邮件放入邮件正文	10				
能分别进行邮件发送	10				
合计	100				

课后练习

一、**判断题**（正确的打“√”，错误的打“×”）

1．没有邮件服务提供商，就不能做许可邮件营销。（　　）

2．许可邮件营销就是发送垃圾邮件给客户，只要达到广告的目的就可以。（　　）

3．邮件的主题要吸引收件人的眼球，可以提高点击率。（　　）

4．许可邮件营销是指以邮件为主要工具的一种营销方式，在用户事先许可的前提下，通过邮件的方式对目标用户传递有价值的信息一种网络营销手段。（ ）

5．许可邮件营销不可以采用 HTML 语言做交互。（ ）

二、多项选择题

1．许可邮件营销的优势包括（ ）。

A．一对一优势 B．安全优势

C．成本低廉 D．方便快捷

2．许可邮件营销的几个必要条件是（ ）。

A．必须经过接收方的同意 B．接收方可以随时自由加入和退出

C．联系人的信息私有化 D．不能出售私人信息给第三方

3．客户邮件列表用于（ ）。

A．客户满意度调查 B．新产品资料的发送

C．个性化客户信息的反馈 D．建立客户资料

4．企业开展许可邮件营销的目的是（ ）。

A．开发新客户

B．进行产品的直销

C．进行售后服务

D．定期举办活动，通过去邮件邀请客户

5．有效的邮件营销三个不可缺少的基本因素是（ ）。

A．信息对用户是有价值的 B．通过电子邮件传递信息

C．合法的邮箱地址取得途径 D．基于用户许可

三、问答题

1．许可邮件营销中的邮件内容由哪些元素构成？

2．许可邮件营销有何优点？

3．请上网查找概念：邮件营销服务商。

4．简述怎么设计许可邮件营销。

5．请说说如何保持客户对邮件的点击率。

项目九

其他营销推广方式

项目概述

其他营销推广方式是我们在公共媒体上进行推广的隐形方式，是互动营销介于第三方口碑而创建的网络营销方式之一。此种营销方式使企业既能与潜在消费者产生互动，又能植入商家广告，是做品牌口碑、互动营销不错的方式之一。企业通过遵守这些推广产品的规则，巧妙地运用软文，让自己的产品、服务植入其中，达到第三方口碑的效应。

项目导入

我们在前面项目中已经学习过博客、微博、微信、论坛、许可邮件营销等多种营销方式，这些营销方式都应用得非常广泛，还有一些营销推广方式在普通的浏览者看来很随意，但事实上隐含了营销意味，如问答营销、文库营销、百度百科、百度地图定位等，这些都属于隐形营销的范畴。

本项目从问答营销的相关知识介绍出发，使大家对其他营销方式有初步的认识与理解。然后以常见的百度知道问答营销方式入手，介绍百度的相关营销产品。在本项目中，我们将学习到百度知道、贴吧、文库和百度地图的营销推广功能。

模块一

理论知识：其他营销推广概述

互动营销方式是互动营销介于第三方口碑而创建的网络营销方式之一，它既能与潜在消费者产生互动，又能植入商家广告，是做品牌口碑、互动营销不错的营销方式之一。

一、问答营销

（一）问答营销的定义

问答营销是指利用知识问答类网站，就企业产品或服务自问自答，或者对相关问题进行回答，达到宣传推广目的的一种网络推广手段。常见的问答营销方式一般是一问一答，就像人们对话一样。不过现在大多数问答平台都是一问多答，如百度知道、新浪爱问、腾讯搜搜等。

问答营销的最终方式是引起争论，同时可控制和引导争论的方向，最终潜移默化地在争论过程中达到营销目的。问答营销也包括评论营销等变相问答方式营销。

（二）问答营销的价值

1）品牌的网络推广和口碑营销宣传的提升。

2）获取搜索引擎在不同目标关键词和长尾关键词上的排名。

3）吸引不同问答网站平台中的潜在客户资源。

（三）问答营销的推广平台

百度知道：全球最大的中文知识问答网站，影响力大，权重高，如图 9-1 所示。

图 9-1　百度知道

搜狗问问：搜狗旗下的互动问答社区，如图 9-2 所示。

图 9-2　搜狗问问

新浪爱问：新浪完全自主研发的搜索产品，充分体现人性化应用的产品理念，为广大网民提供全新搜索服务。爱问致力于把其定位成一项真正能帮助广大网民解决问题的服务，如图 9-3 所示。

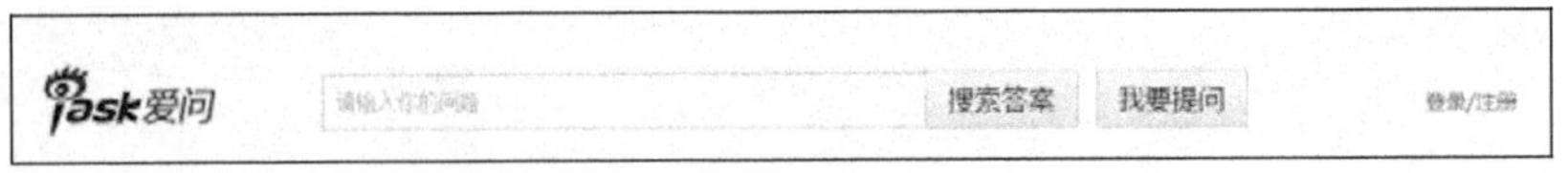

图 9-3　新浪爱问

其他问答推广平台：奇虎问答、天涯问答、雅虎知识堂等。

（四）问答营销的操作步骤

1. 选取关键词

做问答营销推广，首先必须要明确要推广的是哪些关键字。企业应在对所处的市场、资源和自有的网站进行整体评估判定之后，选择正确合理和竞争不是特别激烈的关键词。

2. 注册及注意事项

注册问答平台的账户很简单，不断地更换 ID 号，注册很多个账号。在问答推广的时候，分为两个阶段：

第一个阶段，需要大量的账号，来回地更换，但是需要注意，提问账号与问答账号要分开，不要既提问又回答，否则不便于账号的管理。

第二个阶段，在前期的工作中，我们积累了很多账号，需要将这些账号的积分汇总到几个账号中，一来是为了得到几个高等级的账号，二来是高等级的账号可以让问答的权重更高，更有力度，推广的效果更好。

3. 问题的设计和技巧

在这里要强调一下，问答是指自问自答，事先设计好关键词的位置、提问的方式和关键词的布局数量。

二、百度贴吧

案例引入

华为官方贴吧

华为官方贴吧有大量活动，切合热点吸引用户；另一方面，华为强调以运营手段激励 UGC，如不定期将官方吧“吧主”包装成“名人访谈”专题，这种“造星”举措有助于吧主与吧友间信任的建立，更可以通过满足其价值感及虚荣心来激励其进行更多的优质沟通，如图 9-4 所示。

图 9-4　华为贴吧活动图片

思考分析

华为的官方贴吧起到了怎样的作用？

参考结论

华为的官方贴吧起到了活跃品牌、连接吧友并使之建立相互信任的作用，通过满足用户的价值感，激励其进行更多的优质沟通。

（一）百度贴吧的定义

百度贴吧是百度旗下独立的品牌，是全球最大的中文社区。贴吧的创意来自于百度首席执行官李彦宏：结合搜索引擎建立一个在线的交流平台，让那些对同一个话题感兴趣的人们聚集在一起，方便地展开交流和互相帮助。贴吧是一种基于关键词的主题交流社区，它与搜索紧密结合，准确把握用户需求。它为人们提供一个表达和交流思想的自由网络空间，并以此汇集志同道合的网友。

（二）百度贴吧的推广技巧

1）设计一个或几个有吸引力的标题。

2）设计与主题相关，积极正面的文章内容。内容最好带有议论性，那样帖子就不容易沉下去。在适当的时候，可以添加少量的链接推广自己的网站。

3）撰写几个不同版本的推广软文，同一个帖吧广告帖不能发太多，一般一两个就行了。除了发帖，适当顶帖与发布链接可以保证内容的持久性与新鲜度。

三、百度文库

（一）百度文库的定义

百度文库是百度发布的供网友在线分享文档的平台。百度文库的文档由百度用户上传，需要经过百度的审核才能发布，百度自身不编辑或修改用户上传的文档内容。网友可以在线阅读和下载这些文档。百度文库的文档包括教学资料、考试题库、专业资料、公文写作、法律文件、文学小说、漫画游戏等多个领域的资料。

（二）百度文库的推广技巧

1. 文档的标题

文档标题默认为上传的附件的名称；这 20 个汉字相当于页面的标题；可以基于文档的内容和推广的需要进行标题设置。

2. 文档的简介

对文档进行简要的介绍，能够方便其他用户快速了解文档中所包含的主要内容；最长可以输入 100 个汉字。

3. 文档的内容

Word 和 PPT 文档的页眉和页脚可以放锚链接、网址、品牌标识等图文信息，进行一些设计，但不要太突兀。

Word 和 PPT 文档在首页和内容中植入锚链接，确保分享的是优质内容。

Word 和 PPT 中插入 gif 动画或 Flash，页面内容更加生动有趣，图片链接也就顺利植入了。

PDF 文件不好植入锚链接，但是可以放置网址、品牌标识等信息，有时放置联系方式也能够通过审核。

（三）百度文库推广注意事项

1）广告性质的标题是很忌讳的，百度文库喜欢分享知识性的文档，如文本标题；Word 文档类文章，篇幅大致控制在 3～8 页，这样的通过率会比较高；文档中适当放置插图，不仅让文档更加丰富，而且能够提高审核通过的概率。

2）从文档格式来说，审核通过的概率依次为：pdf 格式>doc 格式>ppt 格式>txt 格式；文章尽量少留联系方式，特别是在文库等级不高的时候，它会大大地降低发布的通过率；基于快照更新时间和以往的经验，上传文档最好能够在晚上进行，通过的概率比较高一些；注意设置文档的分类，让它和同类的文档在一起，方便用户查找到这个文档；文档上传后，最好能够做一个百度文库的专辑，这样可以让看文章的人关联更多内容；文档通过后不能不管不顾，注意提高文档评分，增加文库的点击率，从而增加文库的权重。

3）关注账号等级，通过优质内容获取积分和财富值，评价和推荐其他文档，让账号不断升级。

刚开始利用百度文库进行网站推广时经常会遇到审核不通过的情况，大家不要着急，经验都是从摸索中总结出来的，多尝试、多总结就会得到你想要的效果了。

四、百度地图

1. 百度地图的定义

百度地图是百度提供的一项网络地图搜索服务，覆盖了国内近 400 个城市、数千个区县。在百度地图里，用户可以查询商家的地理位置，同时，百度地图提供了丰富的公交换乘、驾车导航的查询功能，为用户提供最适合的路线规划。用户不仅知道要找的商家的地理位置，还可以知道如何前往。同时，百度地图还为用户提供了完备的地图功能（如搜索提示、视野内检索、全屏、测距等），便于用于更好地使用地图，便捷地找到所求。

2. 百度地图的地点搜索功能

百度地图提供了普通搜索、周边搜索和视野内搜索三种方法，帮用户迅速准确地找到用户所需要的地点，如图 9-5 所示。

地图推出了免费商户标注功能，通过提交申请就可以在百度地图上标注商户。这不仅有利于顾客找到你的店铺，也算是一种宣传的方式。而且，优质的商铺和服务会让别人在搜索附近服务时更好地被推荐。

百度地图的使用方法将在后面介绍。

图 9-5　百度地图

模块二

其他营销推广操作

本模块主要介绍四个方面的内容，第一部分介绍百度知道的操作方法，第二部分简略地对百度贴吧的部分操作进行演示，第三部分展示百度文库的实践操作方法，第四部分是百度地图的详细设置操作，为企业商户设置百度地图指明了方向与方法。

通过本模块的训练，要求学生深入理解百度知道、百度贴吧、百度文库、百度地图的推广知识，以期扩展百度相关产品的基本操作认知。

其他营销推广的设计分析

分析指南

其他营销推广的设计，是指商家通过多渠道，包括对百度知道、百度贴吧、百度文库、百度地图等推广方式进行营销的设计。多渠道的推广方案设计考验营销者对于推广的理解，只有掌握了方法与推广操作，才能完成对其他营销推广方式的学习。其他营销推广方式的操作流程如图 9-6 所示。

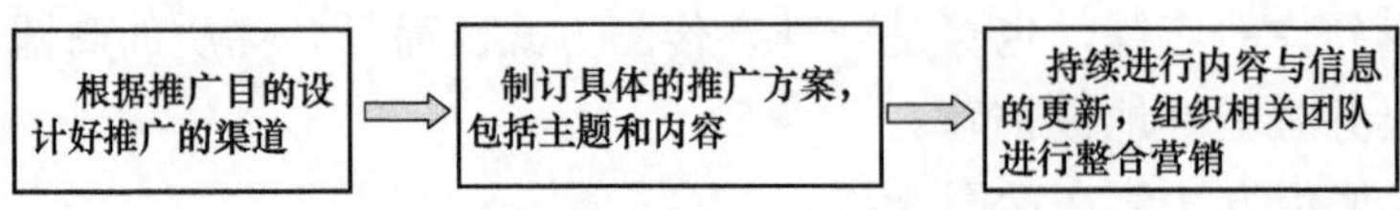

图 9-6　其他营销推广方式的操作流程

分析结果记录

任务：完成整合营销推广活动设计表的填写。

目的：通过整合营销推广活动的策划了解整体营销推广的设计流程。

内容：思考多种推广手段的综合使用方法，并完成设计表格的填写。

要求：按所需要推广的内容完成整体营销推广的设计，并完成表 9-1 的填写。

参考：能通过不同的推广目的制订不同的渠道营销计划，包括不同的主题确定、不同的推广形式和不同的推广内容设计，完成对整个营销活动的推广操作。

表 9-1　整合营销推广活动设计表

序号	采用方法	选择平台	主要内容
1	问答营销	百度贴吧、搜狗问答	产品特性、品牌、公司的联系方式等
2			
3			
4			
5			
6			
7			
8			

百度知道的操作

操作指南

步骤一：在百度知道操作之前，根据推广的内容，设计一份表格，见表 9-2。

表 9-2　百度知道推广准备

序列	推广的主要内容	百度知道推广的内容	
		问题	回答
例	产品特性（电动牙刷）	小孩子总是不太喜欢刷牙，该怎么办？	俗话说“牙好胃口才好”，特别是幼儿，一口好的牙齿不仅仅关系到孩子的口腔卫生，也关系到孩子的形象。幼儿自控能力较弱，刷牙的牙刷可以选用更加先进的产品，如幼儿电动牙刷，一是可以控制刷牙的时间长短，二是电动牙刷让幼儿觉得是玩具，在玩中刷牙，无论是趣味性还是实用性都是不错的选择
1			
2			
3			
4			
5			
6			

步骤二：在 IE 浏览器中输入“http://zhidao.baidu.com”，进入百度知道，单击右上角的“登录”，输入用户名与密码后进入账户页面，如图 9-7 所示。

图 9-7　登录百度知道

步骤三：将鼠标移到页面导航栏的“问题分类”选项上，会弹出分类问题列表，根据自己可以回答的项目选择单击，如图 9-8 所示。

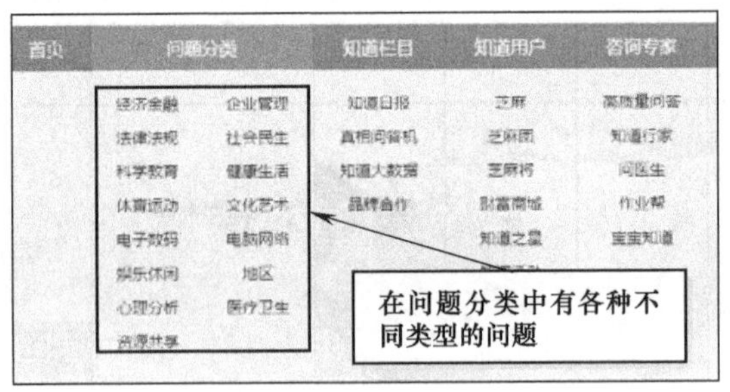

图 9-8　问题的分类显示

步骤四：在贴吧页面的下方找到“等你来回答”板块，在“我的标签”处显示的是设置好的关键词，如需要设置其他关键词，单击“更多”选项，如图 9-9 所示。

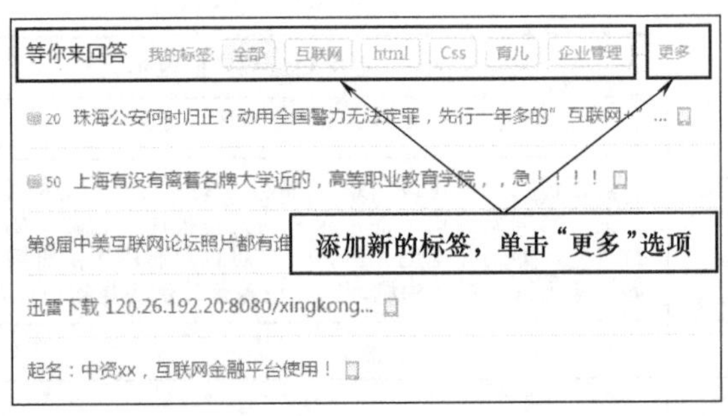

图 9-9　“等你来回答”板块

步骤五：在“个人中心”页面中可设置感兴趣的话题关键词，也可以通过关键词的查找寻找到合适的问题。如果关键词较为固定，则可以通过添加感兴趣的标签作为固定的关键词。单击“添加+”按钮，如图 9-10 所示。

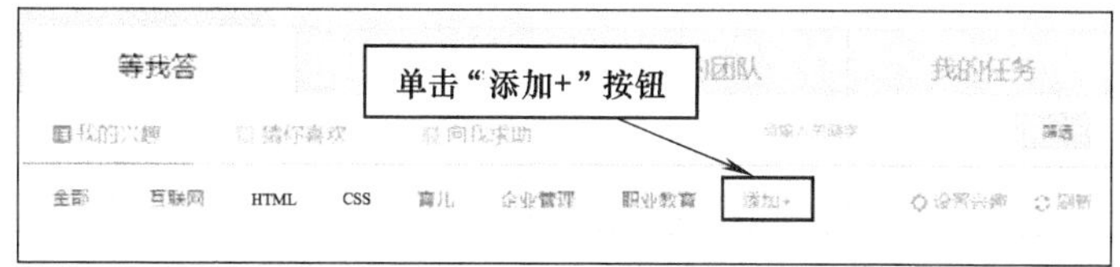

图 9-10　百度知道"个人中心"页面

步骤六：在"我的兴趣"窗口中输入感兴趣的关键词，单击"完成"按钮，如图 9-11 所示。

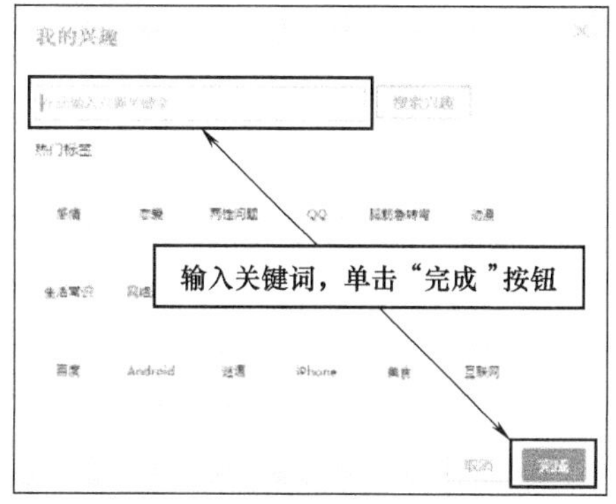

图 9-11　添加关键词

步骤七：如果要发起提问，在"个人中心"页面上方单击"我要提问"按钮，如图 9-12 所示。

图 9-12　个人中心中"我要提问"

步骤八：在百度知道的提问页面中填入需要提出的问题，如图 9-13 所示。

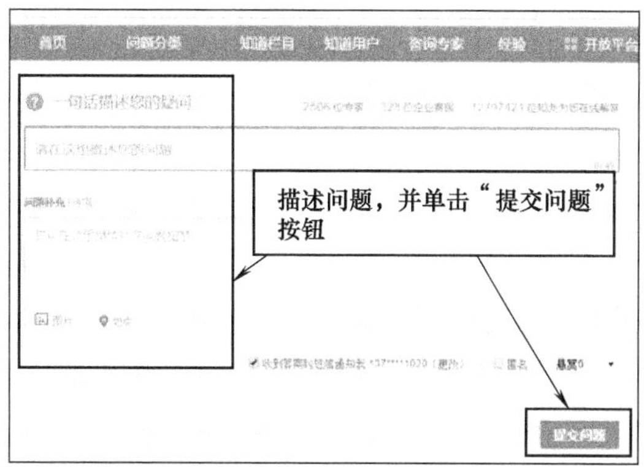

图 9-13　提出问题

操作记录

百度知道是国内最大的知识问答网站，拥有巨大的人气和流量。在百度知道上回答问题，不仅可以给你的网站带来流量和人气，还能增加在搜索引擎中的权重。同时，百度知道对于做网络推广的人来说是抢占商机的重要地方。不断地通过在百度知道中针对自己的产品提出问题，然后针对自己的产品特性回答问题，可以很好地将产品推广出去。

任务：完成百度知道推广。

目的：在完成该项目实训目标的基础上，熟练掌握百度知道推广的流程与方法。

内容：填写百度知道推广操作记录表。

要求：在设计好百度知道推广的方案后进行推广操作，使用多个不同的百度账号对提出的问题进行回答，巧妙值入营销信息，同时完成表 9-3 的填写。

表 9-3　百度知道推广操作记录表

项目	使用流程记载
了解产品的特性并能提炼	
在百度知道上针对自己的产品进行提问	
通过不同的账号进行回复	
设计多种问题和不同的回答方式	
在回答采用后进行优化处理	

知识延展

一、百度知道推广的技巧

1）浏览问题页面时，可以直接进行回答，将仔细核实过且确保正确的答案输入进去，然后提交，就成功回答了一个问题。对一个问题只能回答一次，不过可以在已经回答的问题基础上进行修改。

2）百度知道提供了上传附件、加粗、标红、符号、编号、排版、图片、附件和地图等回答功能，要善于结合和运用这些回答功能，让回答看上去与众不同，标新立异。

3）在百度知道答题，回答被追问、回答被采纳、回答被屏蔽和回答被加密等是回答者必须密切关注的动态。在个人中心里的设置选项中找到消息提醒，将消息动态提醒项目都勾选上，这样有动态提醒时会在百度知道页面右上角弹出窗口提示。

二、百度知道问答注意事项

1）百度知道在其规则中明确规定了禁止任何为增加流量而回答问题的形式，如果操作不当，不仅仅会被百度删除已经做过的回答，还有可能招致网站被百度惩罚。

2）不要添加网站链接，网站链接最好出现在参考资料中，文中尽量少出现，尽量不要留网站的首页链接，要留具体某个页面的来源链接。要注意不能加太多链接。

3）问答账号不要只回答自己的问题，也可以找相关问题进行回答，提高人气与等级后，审核的通过概率会更高。

4）避免过度的自问自答，搜索引擎自身系统会监测到这是在作弊，认为该账号在做广告或刷分，容易受到封号的惩罚。

百度贴吧的操作

操作指南

步骤一：进行百度贴吧推广之前，设计推广的内容，见表 9-4。

表 9-4　百度贴吧的设计策划表

序号	流程	内容
1	明确建立贴吧的目的	
2	定位百度贴吧的服务人群	
3	创建百度贴吧名称	
4	准备若干个贴吧的主题	
5	根据主题撰写贴吧的内容	
6	优化内容并加入推广的信息，尽量使用讨论式的主题，尽显贴吧的内容设计	

步骤二：在百度首页上单击页面右上方的“贴吧”，登录百度贴吧，如图 9-14 所示。

图 9-14　登录百度贴吧

步骤三：输入贴吧的关键词，并单击“进入贴吧”，如图 9-15 所示。

步骤四：进入贴吧之后，将页面拉到最下方，在“发表新帖”中撰写帖子，并单击“发表”，如图 9-16 所示。

图 9-15　输入需要进入的贴吧关键词

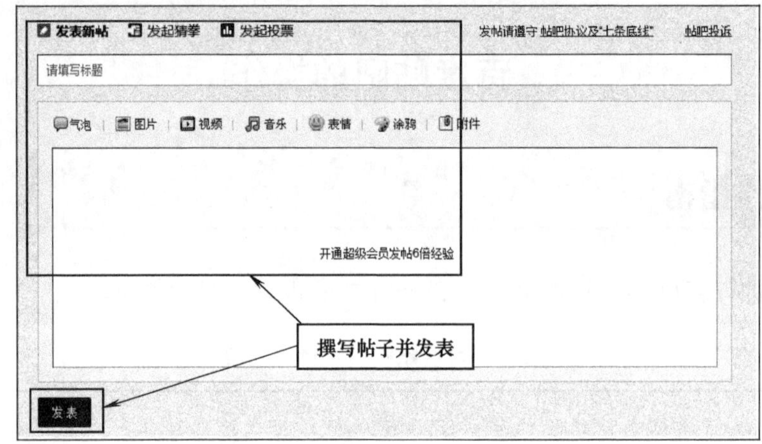

图 9-16　撰写帖子并发布

操作记录

贴吧的使命是让志同道合的人相聚。贴吧的组建依靠搜索引擎关键词，不论是大众话题还是小众话题，都能精准地聚集大批相同爱好的网友，展示自我风采，结交知音，搭建别具特色的“兴趣主题”互动平台。同时对于企业来说，也是目标用户的一个较大的集合地。因此，做好贴吧推广对于企业进行网络推广具有较大的营销作用。

任务：完成贴吧推广操作。

目的：在完成该项目实训目标的基础上，熟练掌握贴吧推广的流程与方法。

内容：填写贴吧推广操作记录表。

要求：在对百度贴吧的使用方法有所了解的基础上，站在推广者的角度，使用多个不同的贴吧对推广的内容和文件进行优化，同时完成表 9-5 的填写。

表 9-5　贴吧推广操作记录表

项目	使用流程记载
贴吧的平台选择	
贴吧的主题设置	
贴吧的发帖操作	
优化帖子内容，加入推广信息	
贴吧的帖子维护	

知识延展

百度贴吧推广

贴吧推广是百度2012年推出的基于百度贴吧的社会化营销产品。借助百度贴吧强大的社区平台，贴吧推广可以全面地满足广告主的社区营销需求和品牌推广需求，是百度社区营销产品的重要组成部分。贴吧推广通过多种互动样式的帖子以软性植入的方式，将广告主的营销活动准确分发到相关的贴吧中，从而达到社区营销的目的。同时，贴吧推广还可以为广告主在贴吧内提供贴吧品牌社区，及时发布品牌官方信息，深度与品牌受众互动，满足广告主品牌营销需求。

百度贴吧推广功能是通过百度特有的智能选吧技术，将最契合推广主题的贴吧推荐给广告主进行投放。广告主在筛选出的相应贴吧中，策划出与网友兴趣点高度融合的帖子，并将品牌或产品信息软性植入帖子之中，与网友深度沟通。

基于贴吧“人以群分”的平台特性，通过智能选吧技术，以兴趣点为依据进行人群筛选，可以帮助找到与品牌最相关的人群，解决“感兴趣的人在哪里”的问题。

内容的软性植入将生硬的直接沟通变为利用受众喜好的兴趣沟通，更多的互动和分享利于传播和深入人心，这就解决了“把感兴趣的人聚在一起”的问题。

百度文库的操作

操作指南

步骤一：在百度文库推广前，完成对文库推广的策划，见表9-6。

表9-6　百度文库推广设计表

序号	流程	内容
1	明确百度文库推广的目的	
2	百度文库的服务人群定位	
3	准备百度文库所需要的多个主题	
4	根据主题采用合适的表现形式，如Word、Excel、PPT	
5	根据主题及目的准备相应的素材及内容	
6	将百度文库的内容进行推广优化，加入品牌等推广信息	

步骤二：在百度首页上单击“文库”，进入百度文库，如图9-17所示。

图 9-17　登录百度文库

步骤三：使用用户名与密码登录个人页面，单击“上传我的文档”，如图 9-18 所示。

图 9-18　单击“上传我的文档”

步骤四：在弹出的选择文档窗口中选择要上传的文档，单击“打开”按钮，如图 9-19 所示。

图 9-19　选择要上传的文档

步骤五：填写文档的简介、标签等信息后，单击“确认上传”，如图 9-20 所示。

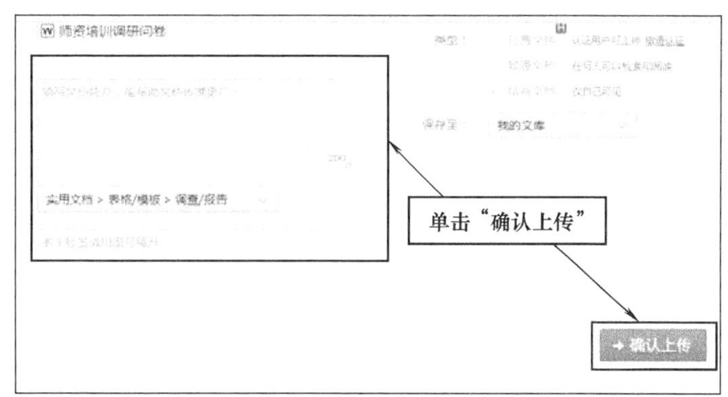

图 9-20　填写文档信息并单击"确认上传"

步骤六：等待百度审核通过，形成公共文档，如图 9-21 所示。

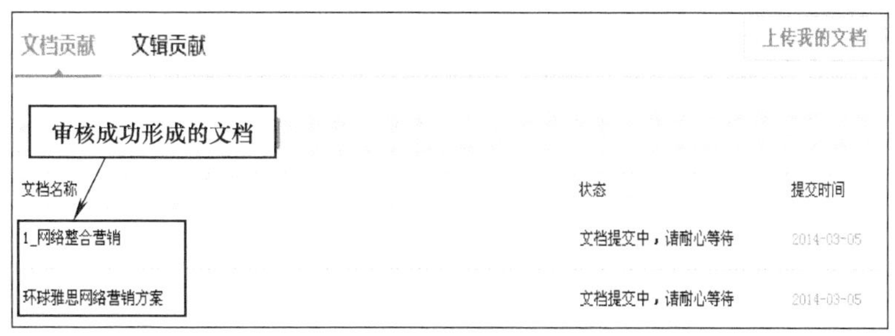

图 9-21　百度审核成功后形成公共文档

步骤七：在"售价"选项中，根据需要选择价格，如图 9-22 所示。

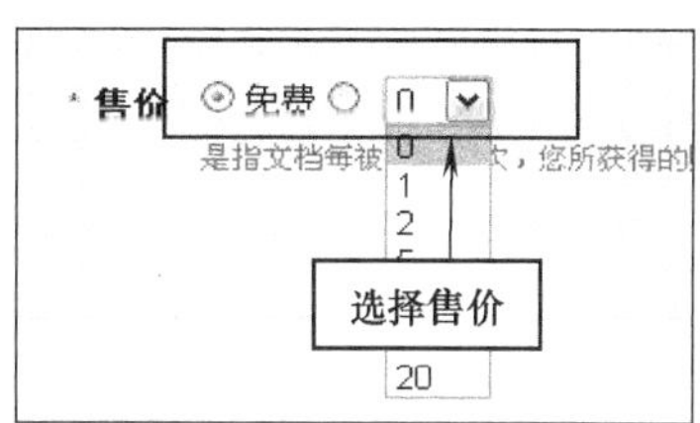

图 9-22　设置文档售价

步骤八：如果需要修改已发布的文档分类、标题、简介等信息，则进入该文档内，单击文档内相应的修改图标，如图 9-23 所示。

图 9-23　修改已发布的文档信息

步骤九：修改完成后，单击“更新文档”，更新已修改的文档，如图 9-24 所示。

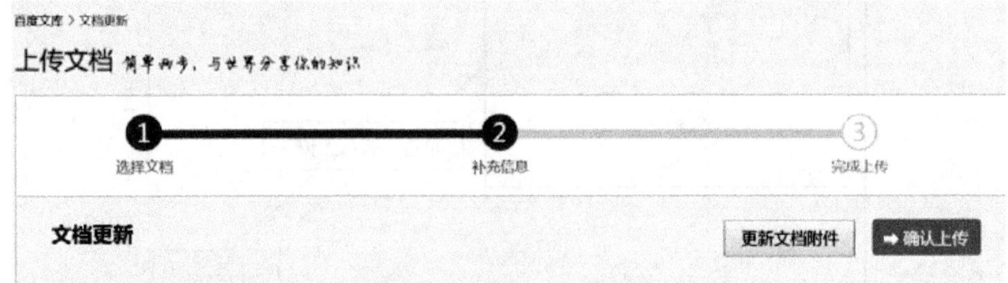

图 9-24 更新已修改的文档

操作记录

百度文库是百度为网友提供的信息存储空间，是供网友在线分享文档的开放平台。平台上所累积的文档均来自热心用户的积极上传。对网络营销而言，百度文库是很好的阵地，必须了解并好好利用。

任务：完成百度文库推广。

目的：在完成该项目实训目标的基础上，熟练掌握百度文库推广的流程与方法。

内容：填写百度文库推广流程步骤。

要求：在对百度文库的上传方法有所了解的基础上，站在推广者的角度，对推广的内容和文件进行优化，同时完成表 9-7 的填写。

表 9-7 百度文库推广操作记录表

项目	使用流程记载
百度文库的账号准备	
百度文库的内容准备	
百度文库的上传操作	
对百度文库内容进行完善，使其具有更强的可读性	
对百度文库关键词的添加与布局	
对百度文库进行维护	

知识延展

百度文库的财富值获得方法

1）注册新的百度文库账号并激活，百度文库会自动送 10 分文库财富。

2）上传文档，审核且通过，会增加 2 分。需要注意的是，每天上传文档的得分上限为 10 分。

3）新手任务有一定的财富值，完成可以领取新手大礼包，会增加相应的分值。

4）使用“百度 Hi 积分”，可换取文库财富值，200 个积分可以兑换百度文库 10 个财富值。

5）平时多评论别人的文档，每次可增加 1 分，每天最多 5 次。

百度地图的操作

操作指南

步骤一：打开百度首页，在页面右上方单击“地图”，如图 9-25 所示。

图 9-25　进入百度地图

步骤二：在打开的百度地图下方，单击“商户免费标注”，如图 9-26 所示。

图 9-26　选择“商户免费标注”

步骤三：进入百度本地商户中心页面，如图 9-27 所示。

图 9-27 在本地商户中心页面中使用百度账号登录

步骤四：单击“标注认领单个商户”按钮，如图 9-28 所示。

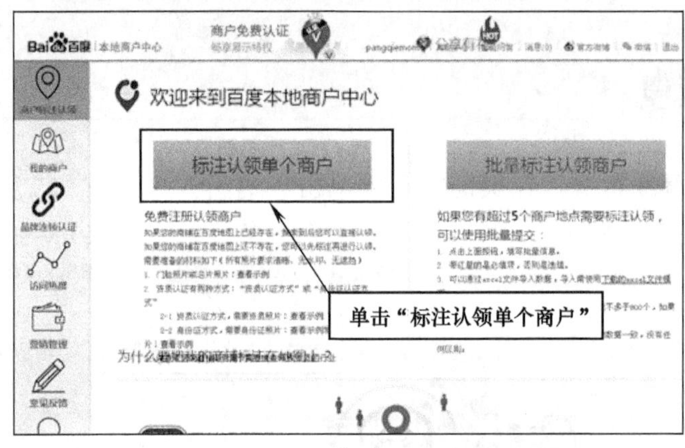

图 9-28 标注认领单个商户

步骤五：进入标注认领页面，百度地图要求先搜索再认领，填入需要查找的地址，如果没有搜索到，则单击右侧的“免费添加标注”按钮，如图 9-29 所示。

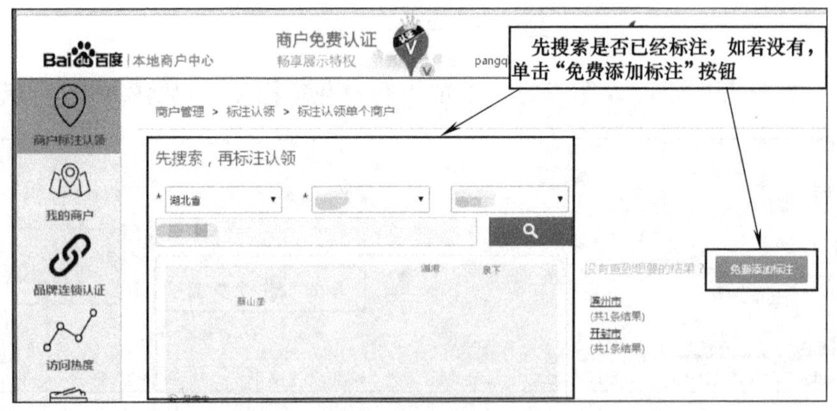

图 9-29 添加标注新的商户地址

步骤六：进入“标注认领”页面，填入相应的信息，并单击“打开地图并标注商户的精确位置”，如图 9-30 所示。

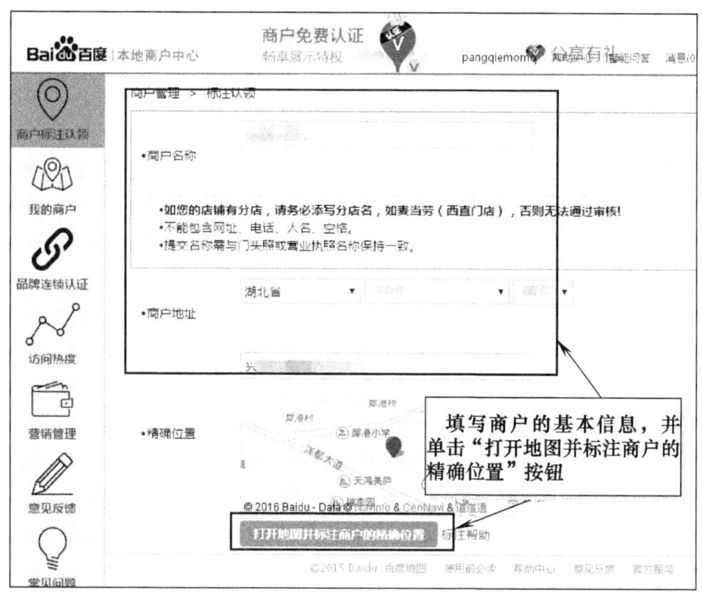

图 9-30　填写商户基本资料

步骤七：进入标注店铺位置的窗口，拖动红色的图标到所需要标注的地理位置，单击“位置选好了，确定标注”按钮，如图 9-31 所示。

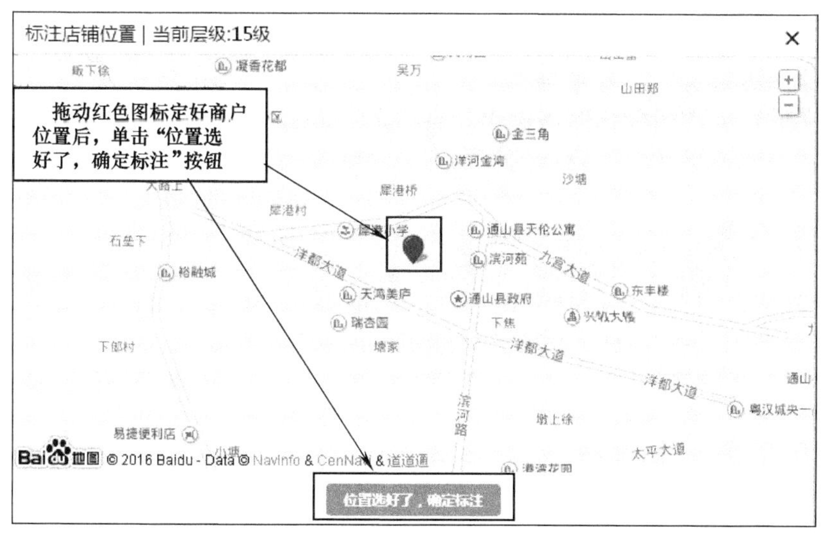

图 9-31　在地图上添加标注新的商户地理位置

步骤八：填写商户电话，选择所属的行业信息，添加店面的照片或名片照片，如图 9-32 所示。

步骤九：在“选择资质认证方式”的选项中，根据不同行业选择认证方式，上传相应的资质照片，将相关证明、提交人姓名、提交人手机号填好，同时可选择“选填信息”，将商户的更多特色信息填入，如图 9-33 所示。单击“提交”按钮，将百度地图标注的信息进行提交。

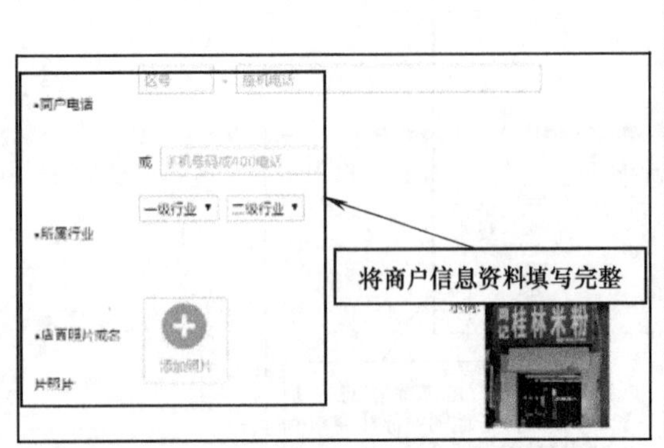

图 9-32　将基本信息填写完整

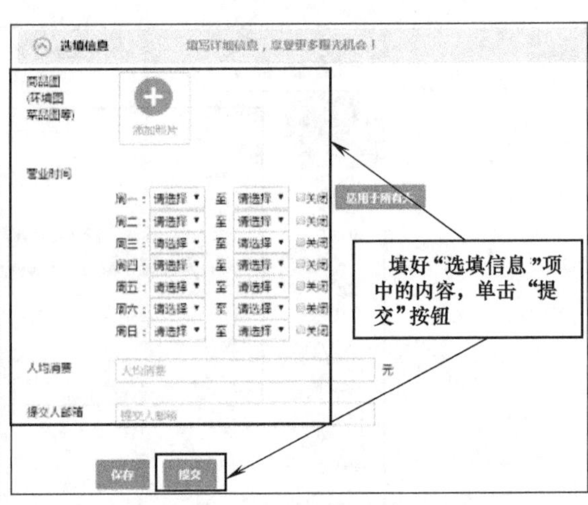

图 9-33　添加商户的选填信息并完成提交

步骤十：完成提交，等待审核结果。

操作记录

百度地图推出了免费商户标注功能，通过提交申请就可以在百度地图上标注商户地址，这不仅有利于顾客找到店铺，也算是一种宣传的方式。而且，优质的商铺和服务会让别人在搜索附近服务时更好被推荐。

任务：完成百度地图标记商铺操作。

目的：在完成该项目实训目标的基础上，熟练掌握在百度地图上标注商铺的流程与方法。

内容：填写百度地图商铺标注的流程步骤。

要求：在对百度地图进行标注前，将需要提交的资料准备好，同时完成表 9-8 的填写。

表 9-8　百度地图标记商铺操作记录表

项目	使用流程记载
商铺认证的工商电子资料准备	
商铺的地址及联系人	
商铺的相关介绍	
商铺的地图标记操作	

知识延展

百度地图标注的技巧

1）在地图上标注需要有相关证明资质，如最新年检营业执照资质、工商质照等。百度地图有专门的审核部门对标注内容进行审核及错误信息更正。在百度地图标注过程中需要提供真实有效的标注内容。主要标注内容需要提供标注名称、电话、地址、商户图片，这是最基本的商户基础信息。

2）在百度地图标注过程中，对地图位置的精确标注及地址区位的选择必须要做到完全正确，这样才会被百度认可及推荐。

3）对行业属性的填写必须根据标注内容的行业属性去选择，营业时间要符合行业习惯，消费均价也要科学合理，力求展示的内容是与实际生活相关的。

4）地址内容涉及商户能够匹配出多少属性关键词。地址的长短影响到排名，地址越短越精确，匹配出来的关键词就越精准。

项目评价

根据实际操作情况填写其他营销推广操作综合评价表，见表 9-9。

表 9-9　其他营销推广操作综合评价表

评价项目	分值/分	自我评价	小组评价	教师评价	标准
能理解百度贴吧、百度知道、百度文库、百度地图不同推广的侧重点	10				熟练掌握：85～100 分 基本掌握：75～84 分 部分掌握：60～74 分 没有掌握：60 分以下
能根据推广目的采用不同的推广方法	10				
能完成百度知道的推广设计	10				
能完成百度知道的推广操作	10				
能完成百度贴吧的推广设计	10				
能完成百度贴吧的推广操作	10				
能完成百度文库的推广设计	10				
能完成百度文库的推广操作	10				
能完成百度地图的资料准备	10				
能完成百度地图商户的地理标注操作	10				
合计	100				

课后练习

一、**判断题**（正确的打“√”，错误的打“×”）

1．问答营销平台包括新浪爱问、搜狗问问、百度知道。（　　）

2．百度地图可以提供精准的地理位置，使用驾车导航路线可以指明方向。（　　）

3．在豆瓣网上分享一篇产品使用心得可以算做是网络推广方式。（　　）

4．在百度其他产品上进行推广也可以带来流量。（　　）

5．一般不能使用视频进行推广。（　　）

二、多项选择题

1．百度文库的推广需要注意（　　）。

A．文档的标题　　B．文档的简介

C．文档的内容　　D．文档的格式

2．问答营销的操作要点有（　　）。

A．选择合适的关键词　　B．需要不断地更换 ID 号

C．需要积累大量的账号　　D．设计问题内容及提问方式

3．常见问答推广的平台有（　　）。

A．百度知道　　B．新浪爱问

C．搜狗问问　　D．搜狐问答

4．对百度贴吧的推广技巧说法正确的是（　　）。

A．需要设计一个到多个有吸引力的标题

B．设计内容与主题相关性高

C．需要撰写不同版本的推广软文

D．回帖可以随意，专注数量即可

5．百度地图的搜索功能包括（　　）。

A．普通搜索　　B．周边搜索　　C．定点搜索　　D．视野内搜索

三、问答题

1．简述百度文库营销的好处。

2．简述百度知识是如何设置问题的。

3．简述百度知道是如何获得用户采纳的。

4．简述问答营销的网络营销价值。

5．简述百度文库推广的注意事项。

项目十

网络推广综合策划

项目概述

在推广团队进行推广的前期，通常会制订出一份详细的网络推广综合策划。它是根据不同推广的目的与方法撰写的，并以此为进行推广实操的基础。根据推广的对象与内容的不同，网络推广综合策划书也是不同的，但是主要框架通常是一致的。它一般包括对推广过程中所涉及的推广手段的使用、推广对象的分析、推广过程中团队与人员的分工与安排等多个方面内容。通过将不同渠道的网络推广方法进行综合，形成一份书面的策划文案，即网络推广综合策划书。它对于整合推广的顺利进行有指导作用。

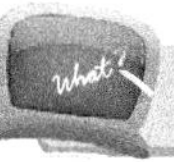

项目导入

网络推广以推广技术应用为基础，通过多种不同渠道的推广方式，对品牌、产品、营销信息等进行多信息、多渠道、多方向的推广。但是，网络推广绝不仅仅在于对推广操作技术的学习。我们通过对技术的学习，深入其中，其实应该明白推广是一个系统性的思考工作。

将多种推广渠道综合就形成了网络整合营销推广方式。其本质在于通过不同的表现形式、不同的表现渠道对同一个推广目标形成多维化、立体化的全面宣传，进而形成网络上的信息整体化。使用多渠道的推广，更容易覆盖不同类型的人群，相比单一推广具有更大的自主性、灵活性，同时也使推广的可信度更高。

在本项目中，我们将学习到网络推广的综合应用方法。

模块一

理论知识：网络推广综合策划概述

网络推广综合策划是一种对各种营销推广工具和手段的系统化结合，根据推广目的进行推广文案的设计，以及该方案的具体执行操作。它可以算作是网络营销中的整合营销推广活动，从战略层角度上来审视整个推广活动的可行性，从而制订出符合实际情况的推广营销策略。

一、网络推广策划

网络推广策划的内容并不单指网站推广，也并不单指一个网上销售。因此，网络推广工作所带来的效果是呈多样化的。例如，网络推广对线下店面的销售额提升、对公司品牌拓展的帮助等。网络推广策划就是为了达成特定的网络推广目标而进行的策略思考和方案规划的过程。

其中，网络推广策划涉及了几个大的策略问题，包括：

1. 网络品牌推广策略

网络品牌推广的重要任务之一是在互联网上建立并推广企业的品牌，使得企业在网下的品牌在网上得以延伸。一般企业可通过推广快速树立品牌形象，大大提升企业在互联网环境下的整体形象。品牌建设推广策略是以企业网站建设为基础，通过一系列的品牌推广措施，达到顾客与公众对企业的认识和认可。在一定程度上来说，品牌推广的价值高于通过网络获得的直接收益。

2. 产品推广策略

中小企业使用网络推广方法必须明确自己的产品或服务项目，明确哪些是通过网络推广可以达到营销效果的产品，并且将潜在消费者定为目标群体。通过网络推广产品的销售费用远低于其他销售渠道的销售费用，因此选择合适的产品，在网络推广中占有重要地位。

3. 渠道推广策略

网络上的多种推广方法可看作推广活动中的渠道，企业应该本着让目标消费者方便的原则设置。为了在网络中吸引消费者关注产品与品牌，应将推广的渠道外延，使用多种不同的渠道传送消息，让消费者有多种方法了解并知晓信息，同时，目标客户的分类及推广渠道的建立也是渠道推广的重点。

4. 顾客服务策略

网络推广与传统推广模式的不同还在于它特有的互动方式。传统推广模式中，人与人之间的交流十分重要，营销手法比较单一。网络营销则可以根据公司自身产品的特性，根据特定的目标客户群，以及特有的企业文化来加强互动，节约开支，形式新颖多样，避免了原有推广模式的单一化。

总体而言，网络推广策划应该是各种营销手段的应用，而不是方法的孤立使用，如论坛、博客、社区、网媒等资源要协同应用才能真正达到网络推广的效果。

二、网络推广策划的流程

网络推广整体策划的第一步就是要找出企业在推广时期的网络推广目标。目标设置主要涉及五类：推广目标、增强服务目标、品牌型网络推广目标、提升型网络推广目标、混合型网络推广目标。

明确推广目标后，需要建立一个推广计划方案。网络推广计划方案是网络推广的重要组成部分。制订网络推广计划本身也是一种推广策略。推广计划不仅仅是推广的行动指南，也是检验推广效果是否达到预期目标的衡量标准，所以，合理的网络推广计划就成为网络推广策略中必不可少的内容。

与完整的网络营销计划相比，推广计划较为简单，对推广的操作则更为具体。网络推广计划至少包含对推广方案的阶段目标、在不同阶段采取的推广方法、推广策略的控制和效果评价等主要内容。

将网络推广策划书做好之后，按照推广的项目进行执行。在每完成一个推广目标时，都需要及时总结分析，否则无头绪的推广将会使推广工作变得很盲目。在推广的执行过程中，企业也可以采用网络公司协同推广的方案。

需要注意的是，市场并非一成不变，真正可执行的网络推广方案不是一成不变的，作为推广的策划者需要时刻关注这些变化。针对市场、行业、企业的变化实时调整，优化推广方案，使网络推广效果最大化。好的网络推广方案加上有效的执行团队方能达到预期效果。

三、网络推广的具体方案设计

网络推广的方案设计包括对前期的调研与后期的执行，其中又涉及几个重要的节点与规划：

1. 在推广战略上的整体规划

在推广战略上的整体规划包括市场分析、竞争分析、受众分析、品牌与产品分析、独特销售主张提炼、创意策略制订、整体运营步骤规划、投入和预期设定。

2. 在营销型网站上的设计规划

在营销型网站上的设计规划包括网站结构、视觉风格、网站栏目、页面布局、网站功能、关键字策划、网站 SEO、设计与开发。

3. 在传播内容上的规划

在传播内容上的规划包括对品牌形象文案策划、产品销售概念策划、产品销售文案策划、招商文案策划、产品口碑文案策划、新闻资讯、内容策划、各种广告文字策划的内容设计。

4. 实行整合传播推广

在 SEO 排名优化、博客营销、微博营销、论坛营销、知识营销、口碑营销、新闻软文营销、视频营销、事件营销、新闻报道推广、公关活动等渠道上进行病毒传播方式。

5. 完善的数据监控运营

建立网站排名监控、传播数据分析、网站访问数量统计分析、访问人群分析、咨询统计分析、网页浏览深度统计分析、热门关键字访问统计分析中的解决方案。

四、网络推广方案的写作

案例引入

电灵电器公司的网站推广方案

电灵电器公司是电器自有品牌的公司，从2016年开始，公司要进行网络营销。该公司现在进行了网站的建设，希望能推广该公司的网站达到企业知名度与企业品牌建立的目的。要对该公司的网站进行推广，其推广方案如下：

一、该企业网站推广情况简介

（一）企业网站网址

略。

（二）企业网站建设情况

该企业网站使用了Flash和图片，看起来较为美观，但网站更新缓慢。有些站点自建成发布后很少甚至几乎没有做过更新。多数企业站点平均更新间隔超过三个月。再者，网站建设缺乏交互性及参与性。受到企业自身网站建设水平（如没有专业人员）的影响，企业站点只具有静态页面，缺乏能留住访问者的相互参与功能，这也是一个使网站没有活力的重要因素。

（三）企业网站推广情况介绍

该企业网站推广力度不足，方法单一。与大多数企业一样完成网站后的推广工作，仅仅只是将网站提交到几家门户网站的搜索引擎上，其余的推广都没有。

二、该企业网站推广的目标

1）找到企业网站的目标用户。

2）让目标用户都能知道该企业网站。

3）让目标用户使用网站后认可网站。

4）让更多的免费用户变成收费用户。

5）在目标用户中树立网站品牌。

三、企业网站具体的推广方案

（一）B2B平台推广

在B2B平台上传一些好看的产品图片，同时，产品标题与内容中增加关键字，并且及时更新产品信息。尽量让产品信息靠前，让买家在查找时能容易发现。同时，对竞争对手有个大致分析，明确电灵公司产品的优势及特点。

（二）搜索引擎推广

1. 搜索引擎登录

在百度等搜索引擎上能搜到电灵电器公司的官方网站。

2. 搜索竞价广告

根据企业的实际情况，如果是短时间内需要用户搜索到的关键词排名，则考虑做百度的竞价。

3. 搜索引擎优化

对网站进行优化，针对该公司的目标人群和市场分析进行核心关键词、长尾关键词的分析与选定，在网站的结构与内容上进行优化。

（三）链接推广

1. 友情链接

做好友情链接可以为网站带来相关的流量和排名。在做友情链接时要注意对方网站的相关性，要和自己公司的网站内容有相关且要有一些知名度，如中国工业电器网、世纪电器网、国美电器网等。

2. 网址导航站的链接

现在有许多网址导航站，如 hao123 和 265 等，但是大多数企业加入比较困难，可以找一下行业类的网址导航站加入。

（四）QQ 群网站推广法

用几十个 QQ，每个 QQ 加入几十个群，每天发一遍网站。例如，50 个 QQ，每个 QQ 加入 50 个群，每个群 50 个人的话，那么总计就会有 125000 人。如果 QQ 更多，加入的群更多，加入的是大群，每个群的人数更多，则宣传效果更好。即使排除不在线的 QQ 用户，效果也不容低估。另外，也可以把 QQ 的昵称修改为网址。

（五）软文推广法

写文章或引用好文章，在里面巧妙地加入自己的网址。不过文章一定要用心写，让读者感觉有可读性。

（六）建立企业微博与博客

建立企业的品牌形象，在新浪博客与微博上开设企业专栏，对产品进行宣传、和博友进行互动。

（七）邮件营销

在相应的 QQ 群中寻找邮箱地址，设计精美的产品、公司或品牌营销页面，进行许可邮件营销。

➘ 思考分析

从该推广方案中学习并思考，一份网络推广方案包括哪些内容？

➘ 参考结论

从电灵电器公司的推广方案中可以看出，一份网络推广方案首先要明确推广的目的。并且，目的是阶段性的，并不是整体的。推广方案主要包括推广目的、推广方法、具体执行步骤等几个部分。

网络推广方案是在理解各种不同网络推广方法的基础上，制订出一套适合宣传和推广商品、服务和阶段性推广目标的方案。被推广对象可以是企业、产品、政府和个人等，推广方案可以是一种或者多种营销推广手段的综合运用。

一份好的网络推广方案书中通常包括以下内容：

1）阶段性网络推广的目的。

2）根据推广目的采用的不同推广渠道。

3）各种不同渠道的分析，以及制订各渠道推广的方法。

4）合理的数据收集方法和优化方案。

总而言之，网络推广方案的写作是一项系统性很强的工作，它由各项具体的网络推广活动组成，如网络品牌推广、网站推广、销售推广等。这些活动之间都是相互关联的，如果缺乏总的推广策略指导，即使在各项分立的推广活动中投入大量资源，推广的整体效果仍会大打折扣。

模块二
网络推广综合策划实践

通过上一模块的学习，我们了解到网络推广综合策划活动是建立在网络推广方案上的实践操作。专业的网站推广方案犹如好的指导人员，将网络推广的思路转化为可执行文档。同时，各团队的推广人员可快速地根据方案了解推广思路，避免在关键性的推广需求上产生失误。在本模块中，我们将学习到网络推广方案的写作与实践。

网络推广方案撰写前的分析

分析指南

网络推广方案的撰写基于对推广目标的明确、推广目标人群的分析、推广技术方法的理解之上。推广的时间段、推广计划的分解操作、推广的团队准备、考核指标都应该思考在内。鉴于我们才刚刚开始学习网络推广方案的写作，仅考虑方案的分析，具体的步骤如图 10-1 所示。

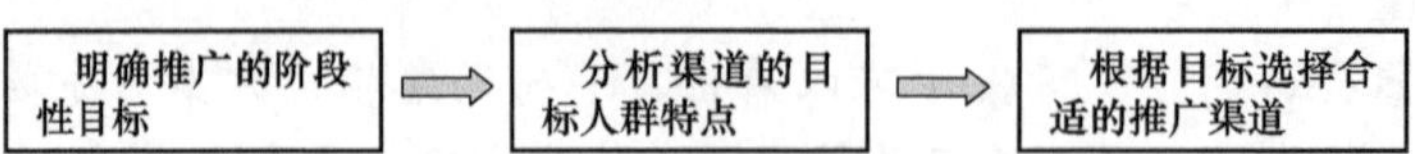

图 10-1　网络推广方案撰写前的分析

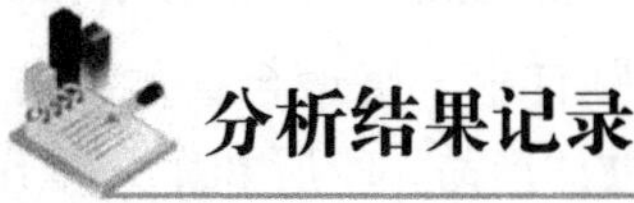

分析结果记录

任务： 完成网络推广方案撰写前的分析。

目的：通过思考整体推广过程对网络整合营销推广活动有一个初步的了解。

内容：根据推广的阶段性目标，完成对阶段性推广计划的思考。

要求：完成对推广目标人群的分析后进行目标人群分类，同时完成表 10-1。

参考：确定推广目标后，分析目标受众人群的习惯及行为，根据我们学习过的网络营销推广方式，确定该目标及人群适用于哪几种推广渠道，安排各渠道的推广方式、内容、人员、时间等相关因素，完成对综合网络推广的策划活动。

表 10-1　网络推广方案撰写分析记录表

序号	流程	内容
1	明确推广目的	
2	明确推广的目标客户人群特性	
3	明确目标人群喜欢的网络浏览方式	
4	到哪些推广渠道可以找到目标人群	
5	确定在哪些渠道实施推广方案	
6	明确各渠道推广方案的大致内容	

网络推广方案的写作

操作指南

__________推广方案书

一、概要

推广的大致内容：品牌、产品、营销活动、__________。

整体情况说明：__________。

优势与劣势分析：__________。

二、推广目的

推广的目的是：__________。

三、推广的渠道

推广的目标人群分析：__________。

目标人群的网络喜好：__________。

推广的渠道：__________。

推广渠道选择的原因：__________。

四、推广渠道及内容（见表 10-2）

表 10-2 推广渠道及内容

序号	渠道	目的	方法简单描述
例	微信公众平台	吸引用户	通过软文的发布与朋友圈转发点赞方式，吸引用户加入平台
1			
2			
3			
4			
5			
6			
7			
8			

五、人员分工安排（见表 10-3）

表 10-3 人员分工安排

序号	渠道	负责人	任务安排
例	微信公众平台	×××	公众平台软文的撰写与发布，并进行公众号客户的维护与联系
1			
2			
3			
4			
5			
6			
7			
8			

六、推广安排

推广的周期：____。

七、补充说明（可选）

____

____

____。

操作记录

网络推广方案的好坏直接影响推广的实施与结果，网络推广策划要掌握的不仅仅只是各种推广手段，更多的是完善的推广构思及分析能力。一个好的网站推广方案基于对阶段推广目标的理解、对推广的受众群体分析、对推广渠道的精准把控上。最好能做到在整体的推广活动中环环相扣。

任务： 按照网络推广的方案进行执行。

目的： 对撰写网络推广方案的流程熟悉。

内容： 完成网络推广方案执行记录表。

要求： 按照方案的流程完成对网络推广方案的执行，并完成表 10-4 的填写。

表 10-4　网络推广方案执行表

项目	使用流程记载
推广内容的了解	
确定几种不同的推广渠道	
确定各渠道的推广方案	
安排各渠道的负责人员	
执行推广文案并监控效果	
以数据为导向调整方案并实施	

知识延展

各种推广方式

1. 全面登录搜索引擎法

通过确定网站关键词、登录各大门户网站搜索引擎，以及注册网络实名、企业实名、行业实名等方法大范围地传播企业信息。

2. 门户网推广法

在各大门户网站进行软文推广，刊登宣传软文。

3. 博客推广法

在各大博客网站开通多个博客，发布宣传企业官网的博文，达到一定数量的发布量，并且做到及时更新，提升关注度。

4. 论坛推广法

在各大社区论坛上注册多个 ID，参与论坛讨论，巧妙发布网站宣传帖，引起关注。

5. 提问网推广法

通过在各种知识搜索引擎中注册多个 ID 发布专业性问题，然后回答问题，提升点击率，在解答专业问题的同时，顺势将企业官网宣传信息传播出去，达到推广目的。

6. 贴吧推广法

在推广的贴吧内注册大量 ID，大量发帖，以灌水形式把宣传信息大范围地传播出去，以量变来促成质变的形成。

7. QQ 群推广法

通过添加相关 QQ 群、QQ 群资源共享、QQ 群邮件发送、自建 QQ 群贺卡、开通 QQ 群空间等形式，发布企业官网相关信息，扩大信息传播面。

8. 网站友情链接推广法

在各类网站征求友情链接，广泛征求链接互换，但要注意对方网站和企业官网的内容相关性；扩大网站外部链接活力、增加网站搜索引擎曝光率。

9．免费服务推广法

在企业官网成立在线咨询服务，免费解答专业问题。树立良好口碑，提升企业美誉度。

10．水印推广法

在企业的宣传图片、视频、资料、网站上都打上企业的水印，当图片和视频发布到其他地方或别的网站时，都是一种对企业网站的宣传。在企业的一些软文、资料上注明原创网址，并制作一些资料册，如 PDF 或电子书，在里面加上企业官网网址，让企业信息和文化更容易推广。

11．免费服务推广法

在企业官网成立在线咨询服务，免费解答专业问题。树立良好口碑，提升企业品牌美誉度。

12．网摘、顶客推广法

现在有许多网摘网站，如 365key、新浪 VIVI 等都可以在上面添加一些企业网站相关内容。另外，还可以在顶客网站上提交一些与企业网站有关的文章，进行推广宣传。

13．群发推广法

通过邮件群发、论坛群发、博客群发、留言板大批量群发传播企业网站的信息，扩大信息覆盖面。

14．邮件推广法

通过注册会员、过往客户、电子杂志订阅用户等途径获取客户邮箱地址，向客户定期发送邮件广告。邮寄趣味调查问卷，以启发式设问方法和幽默另类的问卷形式激发邮件接收人参与调查的兴趣，将企业网站信息巧妙地掺杂其中，使用户在填写过程中主动接收信息。

15．网站推广同盟推广法

要懂得借用外力，几个站长联合在一起，达成宣传共识。在宣传企业网站的时候，顺便也捎带上别的网站。

16．互换频道推广法

和其他网站互相交换频道，就是把对方网站当作自己的一个频道在网站上推广。这样互相捧场，互相帮衬，威力巨大。

17．网站内容联盟推广法

网站内容联盟推广法适合有服务器资源的站长。提供一个平台，可以绑定其他网站的域名，把网站的头、尾广告位置送给其他站长，吸引其他网站加入。这看似是为其他网站做嫁衣裳，实际上是在宣传自己的网站，扩大了网站知名度和影响力。

18．客户端软件插件推广法

有技术含量的站长可以采用客户端软件插件推广法。开发流行的网民常用的客户端软件，如聊天工具类软件 QQ、网络游戏类工具和下载工具类网站迅雷等，都可以弹出窗口，可以直接弹网站首页，也可以弹一些活动页，效果奇好。

19. 百科全书推广法

去网上的百科全书添加内容，增加企业信息的宣传度。

20. 地图推广法

让企业总部地址出现在地图上。地图传播面广，受众广，使用频率高。当网民在搜索相近地址的时候，企业名字自然出现在地图上，增加企业的曝光率，达到宣传目的。

21. 月历墙纸网站推广法

制作各种精美、独特、风格多样的月历图片，提供给人们做计算机的桌面壁纸使用。只要网民一打开计算机，企业的网址就会出现，天天都在提醒网民此网站对其有用。

22. 视频源 Flash 网站推广法

如今的视频网站都提供外部的访问接口。在别的网站、日志引用这些视频时，直接宣传了网站，扩大了网站的影响力。

项目评价

根据实际操作情况填写网络推广综合策划评价表，见表 10-5。

表 10-5　网络推广综合策划评价表

评价项目	分值/分	自我评价	小组评价	教师评价	标准
能明白阶段性推广目标	10				熟练掌握：85～100 分 基本掌握：75～84 分 部分掌握：60～74 分 没有掌握：60 分以下
能对阶段性推广目标的人群进行分析	10				
了解不同推广渠道的特点	10				
能根据推广目标选择推广渠道	10				
能根据渠道选择不同的表现形式	10				
能安排人员进行综合推广	10				
能完成推广的方案设计	10				
能根据推广的渠道进行多样化的内容安排	10				
能完成推广的实践操作	10				
能根据推广的实际情况进行推广计划修正	10				
合计	100				

课后练习

一、**判断题**（正确的打“√”，错误的打“×”）

1. 只有企业建立自己的网站平台，才能在自己的网络商店进行商务活动。（　　）

2. 网络推广以互联网络为媒体，以新的方式、方法和理念实施营销活动，有效促成个人和组织交易活动的实现。（　　）

3. 网络推广是网站建设完成之后的长期工作。（　　）

4. 网络推广中尽量使用图片进行广告宣传，越大越好。（　　）

5．网络推广成功的前提，一定是重视顾客的不同需求，实施网络营销推广个性化服务。（ ）

二、多项选择题

1．以下（ ）是网络营销推广方式。

A．在场地摆展台，扫二维码送礼物　　B．在各大门户网站进行软文推广

C．开通企业博客，发布宣传博文　　D．在贴吧进行问答营销

2．网络营销推广的流程包括（ ）。

A．明确推广目标　　B．寻找目标人群

C．设计网络推广方案　　D．执行方案并根据市场修整方案

3．以下对网络营销推广概念的理解错误的是（ ）。

A．网络营销推广离不开现代信息技术

B．网络营销推广就是网上销售

C．网络营销推广的实质是顾客需求管理

D．网络推广贯穿于企业开展网上经营的全过程

4．网站推广的基本方法有（ ）。

A．搜索引擎注册及建立链接　　B．电子邮件及网络广告

C．新闻发布及传统媒体促销　　D．提供免费服务

5．网络营销的内容包括（ ）。

A．网上市场调查　　B．网上消费者行为分析

C．网上促销与网络广告　　D．网络营销的管理与控制

三、问答题

1．常用的营销型网站的推广方法有哪些？

2．目前可以借鉴的网络推广策略有哪些？

3．什么是网络整合营销？

4．如何开展网络整合营销？

5．请简述网络整合营销的优势。